Christine Blume · Matthias Köckert

Immobilienkaufmann
Immobilienkauffrau

Prüfungstrainer zur Abschlussprüfung

Prüfungsfach Immobilienwirtschaft

Teil 2:
Erwerb, Veräußerung und
Vermittlung von Immobilien;
Begleitung von Bauvorhaben;
Finanzierung

Lösungsteil

Bestell-Nr. 2559

U-Form Verlag · Hermann Ullrich GmbH & Co. KG

Deine Meinung ist uns wichtig!

Du hast Fragen, Anregungen oder Kritik zu diesem Produkt?

Das U-Form Team steht dir gerne Rede und Antwort.

Direkt auf

facebook.com/pruefungscheck

fragen, diskutieren, stöbern und weiteres Wichtige und Wissenswerte rund um Ausbildung erfahren

oder

einfach eine kurze E-Mail an

feedback@u-form.de

Titelbild

© madpixblue – Fotolia.com

Bitte beachten:

Zu diesem Prüfungstrainer gehört auch noch ein Aufgabenteil.

COPYRIGHT

U-Form Verlag, Hermann Ullrich GmbH & Co. KG
Cronenberger Straße 58 · 42651 Solingen
Telefon 0212 22207-0 · Telefax 0212 22207-63
Internet: www.u-form.de · E-Mail: uform@u-form.de

Alle Rechte liegen beim Verlag bzw. sind der Verwertungsgesellschaft Wort, Untere Weidenstraße 5, 81543 München, Telefon 089 514120, zur treuhänderischen Wahrnehmung überlassen. Damit ist jegliche Verbreitung und Vervielfältigung dieses Werkes – durch welches Medium auch immer – untersagt.

5. Auflage 2019 · ISBN 978-3-95532-559-6

Inhaltsverzeichnis Lösungsteil

A – Erwerb, Veräußerung und Vermittlung von Immobilien

A1 Bewertung von Grundstücksangeboten

1.1 Das Grundstücksangebot .... 9 – 11

1.2 Lasten und Beschränkungen des Grundstücks

   1.2.1 Dienstbarkeiten, Nießbrauch, Vorkaufsrecht, Reallast .... 12 – 19

   1.2.2 Grundpfandrechte: Grundschuld und Hypothek .... 19 – 23

   1.2.3 Die Rangverhältnisse der Belastungen im Grundbuch 23

   1.2.4 Baulastenverzeichnis 24

1.3 Der Verkehrswert des Grundstücks

   1.3.1 Grundlagen zum Verkehrswert 25

   1.3.2 Das Vergleichswertverfahren .... 26 – 27

   1.3.3 Das Ertragswertverfahren .... 28 – 31

   1.3.4 Das Sachwertverfahren .... 32 – 35

A2 Der Maklervertrag

2.1 Zulassung zum Maklerberuf und Aufgaben des Maklers 36

2.2 Abschluss von Maklerverträgen .... 37 – 41

2.3 Der Provisionsanspruch .... 42 – 45

A3 Der Grundstückskaufvertrag

3.1 Grundstück, Grundstücksmarkt .... 46 – 47

3.2 Praktischer Ablauf beim Kauf eines Grundstücks .... 48 – 50

3.3 Nebenkosten beim Grundstückskauf 51

3.4 Übergabe des Grundstücks 52

3.5 Andere Arten des Grundstückserwerbs

   3.5.1 Schenkungsvertrag 53

   3.5.2 Zwangsversteigerung .... 53 – 55

   3.5.3 Erbfolge 55

©U-Form Verlag – Kopieren verboten!

Inhaltsverzeichnis Lösungsteil

A4 Das Grundbuch

    4.1 Funktion und Aufbau des Grundbuchs .... 56 – 59

    4.2 Grundsätze des Grundbuchverfahrens: Eintragungen und Löschungen .... 60 – 61

    4.3 Öffentlicher Glaube und gutgläubiger Erwerb 62

A5 Erbbaurecht .... 63 – 65

A6 Fallbeispiel: Erwerb, Veräußerung und Vermittlung von Immobilien .... 66 – 68

B – Begleitung von Bauvorhaben

B1 Grundlagen der Bauplanung

    1.1 Das öffentliche Baurecht .... 71 – 72

    1.2 Bauleitplanung: Flächennutzungsplan und Bebauungsplan .... 73 – 81

    1.3 Die Erschließung des Grundstücks .... 82 – 85

B2 Der Bauantrag

    2.1 Das Baugenehmigungsverfahren .... 86 – 88

    2.2 Unterlagen für den Bauantrag .... 88 – 89

B3 Die Baudurchführung

    3.1 Ausschreibungen .... 90 – 92

    3.2 Kalkulation der Baukosten .... 92 – 98

    3.3 Der Bauvertrag .... 99 – 102

    3.4 Versicherungen der Baudurchführung .... 102 – 104

B4 Modernisierungs- und Sanierungsmaßnahmen .... 105 – 106

B5 Fallbeispiel: Begleitung von Bauvorhaben .... 107 – 109

Inhaltsverzeichnis Lösungsteil

C – Finanzierung

C1 Finanzierungsplanung

    1.1 Finanzierungsmittel und Tilgungspläne .... 113 – 115

    1.2 Finanzierung eines Grundstückes mit Gebäude 115

    1.3 Beleihungsgrundlage für die Immobilienfinanzierung .... 116 – 120

    1.4 Wirtschaftlichkeitsberechnung .... 121 – 123

C2 Vergleich von Darlehensangeboten .... 124 – 134

C3 Gebäudeabschreibung 135

C4 Steuern .... 136 – 138

Ihre Notizen

Erwerb, Veräußerung und Vermittlung von Immobilien   A

Erwerb, Veräußerung und Vermittlung von Immobilien

1 Bewertung von Grundstücksangeboten
2 Der Maklervertrag
3 Der Grundstückskaufvertrag
4 Das Grundbuch
5 Erbbaurecht
6 Fallbeispiele

Hinweis

ACHTUNG!

Sollte es für diesen Prüfungstrainer Aktualisierungen oder Änderungen geben, so können Sie diese unter

www.u-form.de/addons/2559-3.pdf

herunterladen. Ist die Seite nicht verfügbar, so sind keine Änderungen eingestellt!

Bewertung von Grundstücksangeboten — A1

1 Bewertung von Grundstücksangeboten

1.1 Das Grundstücksangebot

1.1.1

Grundstück (im rechtlichen Sinn)

Ein Grundstück ist ein abgegrenzter Teil der Erdoberfläche, der im Bestandsverzeichnis des Grundbuchs unter einer selbstständigen Nummer eingetragen ist.

Flurstück

Ein Flurstück ist die kleinste katasteramtliche Einheit.

Ein Grundstück kann aus mehreren Flurstücken bestehen, aber ein Flurstück kann nicht aus mehreren Grundstücken bestehen!

1.1.2

Das Liegenschaftsbuch wird vom **Katasteramt** (auch: Vermessungsamt oder Amt für Geoinformation und Vermessung) geführt.

Das Katasteramt hat die Aufgabe, alle Grundstücke mit Gebäuden und alle landwirtschaftlichen Einheiten zu kartieren und zu beschreiben. Dazu erstellt es **Flurkarten** (auch: Flurbuch, Liegenschaftsbuch, Liegenschaftskataster oder einfach Kataster genannt) im Maßstab 1:500 bis 1:2000. Hier werden **alle Flurstücke mit ihrer Lage, Nutzung usw. dargestellt.**

(Zusätzlich zu dem Kartenwerk gibt es die Katasterbücher mit Beschreibungen aller Grundstücke. Hier werden Adresse, Nutzungsart, Größe, Gebäude und Eigentümer geführt.)

INFO

> **Das Liegenschaftsamt**
>
> Das Liegenschaftsamt ist für die Verwaltung des gemeindeeigenen Grundbesitzes zuständig. Hierzu gehören Kauf, Verkauf und Vermietung von städtischen Wohnungen, Stadthallen, Kiosken usw.

1.1.3

Lösung: **52.829 m²**

Rechenweg:

```
 1 a  =    100 m²
10 a  =  1.000 m²
 1 ha = 10.000 m²
```

Grundstück 1: 35.716 m²
Grundstück 2:   8.096 m²
Grundstück 3:   9.017 m²

Summe =   52.829 m²

A1	Bewertung von Grundstücksangeboten

1.1.3.1

Zur Grundstücksgrundfläche gehören alle Flächen, die Teile des Grundstücks sind.

Für einen Bauherren ist besonders relevant die „maßgebende Grundstücksfläche".

Sie ist die Fläche des Baugrundstückes, die im Bauland und hinter der Straßenbegrenzungslinie liegt.

1.1.3.2

Als bebaute Fläche gelten alle Flächen, die mit einem Gebäude bebaut sind (Wohnhaus + Nebengebäude).

Die Berechnungsgrundlage ist die Länge x Breite der Gebäude plus eventueller Dachüberstände in Quadratmetern.

1.1.3.3

Der Begriff kommt aus dem öffentlichen Baurecht (BauNVO) und ist Bestandteil in einem rechtlich verbindlichen Bebauungsplan der Stadt/Gemeinde.

Bewertung von Grundstücksangeboten A1

1.1.4.1

Kaufpreiserrechnung:

9.017 m² x 230,00 €/ m² = 2.073.910,00 €

+ 5 % Anschaffungsnebenkosten

2.073.910,00 € x 1,05   = 2.177.605,50 €

Der Kaufpreis beträgt **2.177.605,50 €** für das unbebaute Grundstück.

Grundsteuerberechnung nach Formelangabe:

Einheitswert, welchen das Finanzamt für die Grundsteuer ansetzt:

$$\frac{2.177.605,50 \ € \ \times 10}{1000} = \ 21.776,06 \ € \ \text{ Steuermessbetrag}$$

$$\frac{21.776,06 \ \times \ 680}{100} = \textbf{148.077,20 €} \ \text{ Grundsteuer im Jahr}$$

1.1.4.2

Kalkulatorische Grundstückskosten:

Zinsen: $\frac{2.177.605,50 \ € \ \times \ 1,07}{100} =$	23.300,38 €
+ Grundsteuer	148.077,20 €
+ Haus und Grundbesitzerhaftpflicht Versicherungsprämie	1.270,00 €
+ Kaufpreis mit Nebenkosten	2.177.605,50 €
	2.350.253,08 €

Hinweise:

1. Die Tilgung ist bei der Berechnung des kalkulatorischen Grundstückspreises nicht zu berücksichtigen.

2. Die Grunderwerbsteuer sowie die Grundsteuer sind Landessteuer und sind somit in den Bundesländern unterschiedlich.
Zur Prüfung wird eine einheitliche Steuer gewählt, gleich welche Höhe die Steuern betragen, der Rechenweg ist immer gleich

1.1.5

Lösung **5.** ist **richtig**.

Laut Anzeige handelt es sich um ein Grundstück in einem reinen Wohngebiet (laut Bebauungsplan), sodass hier nur Wohnraum errichtet werden darf. Gewerbliche Bebauung ist nicht erlaubt.

(Mehr zum Thema Bebauungsplan erfahren Sie im Kapitel B – Neubau, Modernisierung und Sanierung.)

©U-Form Verlag – Kopieren verboten!

| **A1** | **Bewertung von Grundstücksangeboten** |

1.2 Lasten und Beschränkungen des Grundstücks

1.2.1 Dienstbarkeiten, Nießbrauch, Reallast und Vorkaufsrecht

1.2.1.1

In Abteilung II des Grundbuchs werden auf Antrag und Bewilligung vom Grundbuchamt

- Grunddienstbarkeiten
- Beschränkte persönliche Dienstbarkeiten
- Nießbrauch
- Reallast
- Vorkaufsrecht

eingetragen

1.2.1.2

Lösung **1.** ist **richtig**.

Sie empfehlen die Eintragung einer Grunddienstbarkeit zulasten des benachbarten Grundstücks von Frau Elsa Werner in Form eines Leitungsrechts. Dazu ist grundsätzlich das Einverständnis von Frau Werner notwendig. Frau Elsa Werner wird zusätzlich mit Herrn Frenzen einen Vertrag abschließen, welcher regelt:

- wo die Leitung entlang gehen soll

- welcher jährliche Preis für die Belastung des Grundstückes zu zahlen ist

- zu welchem Termin die Leitungen verlegt werden sollen

Die Eintragung einer Grunddienstbarkeit in Form eines Leitungsrechts bedeutet, dass die Leitungen und Rohre für Strom-, Wasseranschluss und Kanalisation für das begünstigte Grundstück über das belastete Grundstück geführt werden dürfen. Eine Grunddienstbarkeit bleibt bestehen und gilt auch dann noch für das Grundstück, wenn Herr Frenzen oder Frau Werner ihre Grundstücke später verkaufen sollten.

Zu Antwort 2.: Falsch

Im Gegensatz zu einer Grunddienstbarkeit, welche unabhängig vom Eigentümer für das Grundstück gilt, gilt eine beschränkt persönliche Dienstbarkeit für eine bestimmte Person.

Das hieße im vorliegenden Fall, dass das Leitungsrecht nur für Herrn Frenzen persönlich eingetragen wird und dass im Falle eines Verkaufs des Grundstücks das Leitungsrecht nicht weiter bestehen würde. Dadurch wäre das Grundstück quasi unverkäuflich.

Zu Antwort 3.: Falsch

Grundsätzlich ist ein Grundstückseigentümer frei in der Entscheidung, die Eintragung einer Grunddienstbarkeit zu seinen Lasten zu akzeptieren oder nicht. Daher muss sich Herr Frenzen zunächst an Frau Werner wenden, um eine Einigung zu erzielen.

Ausnahmsweise kann ein Eigentümer allerdings zur Eintragung verpflichtet werden, wenn der Gebrauch eines anderen Grundstücks ansonsten ausgeschlossen oder stark eingeschränkt ist. Diese Ausnahmesituation muss im Zweifelsfall von einem Gericht festgestellt werden.

Bewertung von Grundstücksangeboten A1

Zu Antwort 4.: Falsch

Eine Grunddienstbarkeit entsteht durch einen privatrechtlich geschlossenen Vertrag zwischen Grundstückseigentümern. Eine Behörde muss grundsätzlich nicht zustimmen.

Zu Antwort 5.: Falsch

Damit das Grundbuchamt eine Eintragung vornimmt, muss die Eintragungsbewilligung gemäß § 29 GBO als öffentliche oder öffentlich beglaubigte Urkunde vorgelegt werden (siehe Kapitel zum Grundbuch). Eine einfache schriftliche Bewilligung ist nicht ausreichend.

1.2.1.3

Lösung **4.** ist **richtig**.

Bei einer „normalen" Grunddienstbarkeit wird ein Grundstück in der Weise belastet, dass der jeweilige Eigentümer des begünstigten Grundstücks das belastete Grundstück in einer bestimmten Weise gebrauchen kann. Häufig handelt es sich um ein Fahrt-, Wege- oder Leitungsrecht.

Daneben gibt es Grunddienstbarkeiten, bei denen eine bestimmte Handlung oder ein bestimmtes Recht ausgeschlossen wird.

Das belastete Grundstück wird als dienendes Grundstück bezeichnet, das begünstigte Grundstück als herrschendes Grundstück. Das herrschende Grundstück grenzt in der Regel unmittelbar an das dienende Grundstück.

Zu Antwort 1.: Falsch

Eine Grunddienstbarkeit ist eine privatrechtliche Vereinbarung zwischen zwei oder mehreren Grundstückseigentümern.

Zu Antwort 2.: Falsch

Ein Vorkaufsrecht ist keine Grunddienstbarkeit. Eine Grunddienstbarkeit ist am häufigsten in der Form von Wege-, Fahrt- oder Leitungsrechten vorzufinden.

Zu Antwort 3.: Falsch

Das Grundstück, auf welchem die Grunddienstbarkeit eingetragen ist, ist das sogenannte dienende Grundstück. Es handelt sich daher um das Grundstück, dessen Weg (beim Wegerecht) benutzt werden darf.

Der Eigentümer des belasteten Grundstücks muss also die Benutzung des Weges dulden.

Zu Antwort 5.: Falsch

Beschränkte persönliche Dienstbarkeiten und Grundschulden sind **keine** Grunddienstbarkeiten

©U-Form Verlag – Kopieren verboten!

A1 Bewertung von Grundstücksangeboten

1.2.1.4

Lösung **2.** ist **richtig**.

Hier wird eine bestimmte Person (Fred Menzel) verpflichtet, auf dem Grundstück kein störendes Gewerbe, z. B. eine Schmiede, zu eröffnen.

Eine beschränkt persönliche Dienstbarkeit kann jede Berechtigung bzw. jede Verpflichtung enthalten, die auch Inhalt einer Grunddienstbarkeit sein kann. Die Berechtigung bzw. die Verpflichtung bezieht sich aber nur auf eine bestimmte Person, nicht auf das Grundstück im Allgemeinen.

Beispielsweise kann einer bestimmten Person das Recht eingeräumt werden, auf Lebenszeit den Bootssteg zu benutzen, welcher vom Grundstück zu See führt.

Zu Antwort 1.: Falsch

Nach BauNVO §4 dient ein allg. Wohngebiet (WA) nur zum Wohnen. Ausnahmsweise können zugelassen werden:

- kein störendes Gewerbe
- kleine Pensionen.

Zu Antwort 3.: Falsch

Wie bei Antwort 1. wird das Recht dem jeweiligen Eigentümer eingeräumt; damit handelt es sich um eine Grunddienstbarkeit.

Zu Antwort 4.: Falsch

Eine Grundschuld ist keine Dienstbarkeit, sondern ein Grundpfandrecht.

Zu Antwort 5.: Falsch

Ein Wiederkaufsrecht ist eine besondere Form des Vorkaufsrechts und damit ebenfalls keine Dienstbarkeit.

INFO

Was ist eine beschränkt persönliche Dienstbarkeit?

Die gesetzliche Definition für die beschränkt persönliche Dienstbarkeit steht im § 1090 Absatz 1 BGB:

„Ein Grundstück kann in der Weise belastet werden, dass derjenige, zu dessen Gunsten die Belastung erfolgt, berechtigt ist, das Grundstück in einzelnen Beziehungen zu benutzen, oder dass ihm eine sonstige Befugnis zusteht, die den Inhalt einer Grunddienstbarkeit bilden kann (beschränkte persönliche Dienstbarkeit)."

Im Unterschied zur Grunddienstbarkeit wird eine bestimmte, namentlich bezeichnete (natürliche oder juristische) Person berechtigt, ein Grundstück in der vereinbarten Weise zu nutzen.

Bewertung von Grundstücksangeboten

A1

1.2.1.5

Lösung **1.** ist **richtig**.

Das Wohnrecht als besondere Form der beschränkt persönlichen Dienstbarkeit ist in § 1093 Abs. 1 BGB geregelt.

Zwar kann das Wohnrecht in seiner Ausübung auf ein Gebäude oder einen Gebäudeteil beschränkt werden, belastet wird dennoch das ganze Grundstück. Dies regelt Absatz 3 des oben genannten Paragrafen:

Wenn das Wohnrecht nicht an allen Räumen ausgeübt werden darf, so müssen die Räume des Wohnberechtigten genau beschrieben sein. Diese Räume darf der Berechtigte nämlich unter Ausschluss jeder Mitbenutzung des Eigentümers allein benutzen. Darüber hinaus steht ihm das Recht zu, die gemeinschaftlich genutzten Anlagen und Einrichtungen des Grundstücks mitzubenutzen. In jedem Fall ist das ganze Grundstück durch das Wohnrecht belastet.

Ein Wohnrecht schränkt die Verkaufsmöglichkeit des Grundstücks erheblich ein. Es kann nur mit einer zweiseitig übereinstimmenden Willenserklärung aufgehoben werden. Eine weitere Möglichkeit, das Grundstück mit Gebäude lastenfrei zu verkaufen, besteht in einer Abfindung.

1.2.1.6

Eine beschränkt persönliche Dienstbarkeit endet **spätestens mit dem Tod** des Berechtigten.

Sie kann bereits **vorher** enden, wenn sie **aus dem Grundbuch gelöscht** wird. Dazu sind der Antrag und die Bewilligung des Berechtigten notwendig, welche dieser natürlich nur zu Lebzeiten erteilen kann.

Wenn die beschränkt persönliche Dienstbarkeit vorher aus dem Grundbuch gelöscht wird, so endet sie **mit Eintragung der Löschung**.

INFO

Vom Eigentümer des dienenden Grundstücks ist die beschränkte persönliche Dienstbarkeit unabhängig. Wenn dieser das Grundstück verkauft oder wenn er verstirbt, so muss der nächste Eigentümer dem Berechtigten die beschränkte persönliche Dienstbarkeit weiterhin gewähren.

A1 Bewertung von Grundstücksangeboten

1.2.1.7

Rechte:

- Der Nießbraucher ist gemäß § 1036 BGB zum **Besitz der Sache** (hier: des Grundstücks) berechtigt. Der Eigentümer kann also keinen Anspruch auf eigene Nutzung geltend machen.
- Der Nießbrauch wird nicht auf einen Teil eines Grundstücks oder auf ein Gebäude oder einen Gebäudeteil beschränkt, sondern gilt für das **gesamte Grundstück**.
- Der Nießbrauch kann einem anderen überlassen werden. Der Nießbraucher kann das Grundstück **vermieten oder verpachten**; die Miete bzw. die Pacht steht ihm zu.

Pflichten:

- Der Nießbraucher darf zwar sämtlichen Nutzen aus dem Grundstück ziehen, er darf es jedoch **nicht umgestalten oder wesentlich verändern**. Insbesondere hat er auch die bisherige wirtschaftliche Bestimmung (z. B. einer Landwirtschaft oder einer Gaststätte) aufrechtzuerhalten.
- Gemäß § 1041 BGB muss der Nießbraucher für den **laufenden Unterhalt** des Grundstücks aufkommen und hat auch die damit **anfallenden Kosten** zu tragen, öffentliche Lasten, wie beispielsweise die Grundsteuer, Zu- und Abwasser, Versicherung usw.

INFO

Was bedeutet Nießbrauch?

Eine Definition findet sich in § 1030 Absatz 1 BGB:

„Eine Sache kann in der Weise belastet werden, dass derjenige, zu dessen Gunsten die Belastung erfolgt, berechtigt ist, die Nutzungen der Sache zu ziehen (Nießbrauch)."

Ein Nießbrauch kann nicht nur an Grundstücken, sondern auch an beweglichen und anderen unbeweglichen Sachen (z. B. grundstücksgleiche Rechte), an einem Vermögen oder auch an übertragbaren Rechten (z. B. Forderungen, Wertpapieren) bestellt werden.

(Prüfungsrelevant ist nur der Nießbrauch an Grundstücken und grundstücksgleichen Rechten.)

Da der Nießbrauch das Grundstück für den Eigentümer unverwertbar macht, wirkt der Nießbrauch beleihungsfeindlich. Der Nießbrauch schließt ja einen Ersteher in der Zwangsversteigerung von der Nutzung völlig aus; erst mit dem Tod des Nießbrauchers kann ein Käufer oder Ersteher das Grundstück selbst nutzen.

1.2.1.8

Bei einer Reallast wird dem Berechtigten eine regelmäßig oder unregelmäßig **wiederkehrende Leistung** zugesprochen. Diese Leistung kann bestehen aus:

- Geld (in Form einer Rente)
- Naturalien (Nahrungsmittel und andere Erzeugnisse aus dem Grundstück)
- Pflege der berechtigten Person im Alter
- Unterhaltung von bestimmten Gebäuden
- u. ä.

Die Reallast wird im § 1105 BGB definiert und beschrieben, lesen Sie dazu diesen Paragrafen.

Bewertung von Grundstücksangeboten A1

INFO

Reallast

Wer kann berechtigt sein?

Berechtigt sein kann eine bestimmte natürliche oder juristische Person oder gemäß Absatz 2 auch der jeweilige Eigentümer eines anderen Grundstücks. Im letzteren Fall endet die Reallast erst mit der Löschung aus dem Grundbuch. Diese Löschung muss vom Berechtigten bewilligt werden.

Sonderfall: Das Altenteil

Eine besondere Ausprägung der Reallast ist das Altenteil, welches heute insbesondere noch in der Landwirtschaft vorzufinden ist. Eine besondere gesetzliche Regelung gibt es dazu nicht.

Beim Altenteil wird eine berechtigte Person, häufig auch ein Ehepaar, auf Lebenszeit vom Eigentümer eines Grundstücks mit Geldleistungen, Lebensmitteln, Pflege im Alter usw. versorgt. Verbunden ist diese Reallast in der Regel mit einem Wohnrecht (siehe beschränkt persönliche Dienstbarkeit).

1.2.1.9

Der notariell beurkundete Kaufvertrag wird vom Notar dem Vorkaufsberechtigten, Herrn Winkler, zugesendet.
Möchte Herr Winkler sein Vorkaufsrecht ausüben, muss er es innerhalb von zwei Monaten nach Kenntnisnahme dem Notar schriftlich bekunden, das heißt es kommt zu einem wirksamen Kaufvertrag, mit gleichem Inhalt, zwischen Herrn Olafsson und Herrn Winkler.

In diesem Fall kann Frau Sylvia Ludwig das Grundstück nicht kaufen und kein Einfamilienhaus errichten.

Sie raten deshalb Ihrer Mieterin:

1. den Kaufvertrag beim Notar im Folgemonat abzuschließen und erst nach der Entscheidung von Herrn Winkler ihre Wohnung zu kündigen.
2. Sie geben Frau Ludwig die entsprechenden Auszüge aus dem BGB:

§ 463 – Voraussetzung der Ausübung des Vorkaufsrechtes

Wer in Ansehung eines Gegenstandes zum Vorkauf berechtigt ist, kann das Vorkaufsrecht ausüben, sobald der Verpflichtete mit einem Dritten einen Kaufvertrag über den Gegenstand geschlossen hat.

§ 464 BGB und § 470 BGB – Ausübung des Vorkaufsrechtes

Von einem Vorkaufsrecht kann kein Gebrauch gemacht werden, wenn die Veräußerung des Grundstücks durch Tausch oder Schenkung erfolgt und wenn es sich um einen „Verkauf" an einen gesetzlichen Erben mit Rücksicht auf dessen zukünftiges Erbe handelt.

A1 Bewertung von Grundstücksangeboten

1.2.1.10

Als dinglich bezeichnet man Ansprüche, mit denen man direkt mit einer Sache zusammenhängende Ansprüche geltend machen kann. Dingliche Rechte sind die Rechte Dritter am Eigentum eines anderen; der Eigentümer darf mit seiner Sache also nicht vollständig nach seinem Belieben verfahren (wie § 903 BGB dies für Eigentum grundsätzlich vorsieht), sondern muss die Rechte Dritter berücksichtigen.

> § 903 – Befugnisse des Eigentümers
>
> Ein dingliches Vorkaufsrecht ist das Vorkaufsrecht an einem Grundstück einer im Grundbuch eingetragenen Person. Dabei kann diese Person – der Vorkaufsberechtigte – im Grundbuch entweder namentlich bezeichnet sein, oder das Vorkaufsrecht steht dem jeweiligen Eigentümer eines anderen Grundstücks zu.
>
> Das dingliche Vorkaufsrecht basiert auf einer vertraglichen Einigung und muss ins Grundbuch eingetragen werden.
>
> In § 1094 BGB ist das dingliche Vorkaufsrecht an Grundstücken gesetzlich geregelt:
>
> Die Dinglichkeit des Vorkaufsrechts zeigt sich darin, dass es kraft Gesetzes vom Zeitpunkt seiner Eintragung an gegenüber Dritten die Wirkung einer Vormerkung besitzt.

1.2.1.11

1. Überlegung ist nicht rechtsgültig

Das BGB sieht zwar für die Ausübung des Vorkaufsrechts bei Grundstücken eine Ausübungsfrist von zwei Monaten vor, allerdings beginnt diese Frist erst zu laufen, sobald der „alte" Eigentümer dem Vorkaufsberechtigten mitgeteilt hat, dass ein Kaufvertrag ansteht. Dies regelt § 469 BGB:

Insofern ist es nicht relevant, ob die zwei Monate seit dem Abschluss des Kaufvertrages vergangen sind, sondern die Frist beginnt erst zu dem Zeitpunkt, zu welchem der Vorkaufsberechtigte informiert worden ist. Dabei spielt es auch keine Rolle, ob bereits eine Auflassungsvormerkung oder sogar eine Grundbuchumschreibung auf den neuen Eigentümer eingetragen ist.

2. Überlegung ist nicht rechtsgültig

Auch diesen Fall des Rechtsmissbrauchs hat das BGB vorhergesehen. § 466 BGB gibt dem Vorkaufsberechtigten das Recht, in einem solchen Fall die nicht erfüllbaren Nebenleistungen durch Zahlung einer Geldleistung auszugleichen.

Nicht selten versuchen Eigentümer und Dritte (Käufer), Nebenbedingungen in den Vertrag aufzunehmen, die der Berechtigte nicht ausführen kann und im Grunde genommen deshalb auf das Vorkaufsrecht verzichten müsste. Damit wird aber nur vergeblich versucht, das Vorkaufsrecht zu umgehen.

1.2.1.12

a) **Grunddienstbarkeit:** Eine Grunddienstbarkeit besteht darin, dass der jeweilige Eigentümer eines Grundstücks einem anderen Grundstückseigentümer zusichert, eine bestimmte Handlung zu dulden oder zu unterlassen.
Die meisten Wegerechte sind beispielsweise Grunddienstbarkeiten; dazu zählt aber auch die Unterlassung von bestimmten Handlungen, wie zum Beispiel das Eröffnen eines bestimmten Gewerbes.

Bewertung von Grundstücksangeboten   A1

b) **Nießbrauch:** Wenn einem Dritten – hier den Eltern – ein vollständiges Nutzungsrecht eingeräumt wird, so handelt es sich um einen Nießbrauch. Der bzw. die Nießbraucher können das Grundstück selbst nutzen oder auch vermieten oder verpachten. Lediglich darf das Grundstück nicht wesentlich verändert werden, und es muss vom Nießbraucher instand gehalten werden.   1

c) **Beschränkt persönliche Dienstbarkeit:** Eine beschränkt persönliche Dienstbarkeit kann die gleichen Inhalte haben wie eine Grunddienstbarkeit, allerdings gilt sie nur für einen bestimmten Eigentümer. Im vorliegenden Fall wird einem Nachbarn gestattet, den eigenen Bootssteg mitzubenutzen. Wenn der Nachbar stirbt oder das Grundstück verkauft wird, so gilt das Recht nicht für den nächsten Eigentümer.
Ein Wohnrecht ist ebenfalls ein typisches Beispiel für eine beschränkt persönliche Dienstbarkeit.   4

d) **Altenteil:** Beim Altenteil wird eine beschränkt persönliche Dienstbarkeit (das Wohnrecht) mit einer Reallast kombiniert, welche meistens in der Versorgung der berechtigten Person(en) mit regelmäßigen Geldleistungen, Lebensmitteln und Pflege bei Bedürftigkeit besteht.   5

e) **Reallast:** Inhalt einer Reallast können nur positive bzw. aktive Leistungen sein (im Gegensatz zur Dienstbarkeit, wo der Eigentümer bestimmte Handlungen unterlassen muss bzw. von anderen dulden muss).
Eine Reallast ist eine wiederkehrende Leistung, wenn sich der Eigentümer verpflichtet, das Grundstück oder Teile eines Gebäudes in einem bestimmten Zustand zu erhalten.   2

f) **Reallast:** Eine Reallast ist auch eine Zahllast in Geldform. Mit der Eintragung des Erbbauzinses sichert sich der Erbbaugeber rechtlich ab.   2

1.2.2 Grundpfandrechte: Grundschuld und Hypothek

1.2.2.1

In die Dritte Abteilung werden die Grundpfandrechte eingetragen. Dazu gehören:

– Hypotheken
– Grundschulden
– Rentenschulden

INFO

Grundpfandrechte = dingliche Verwertungsrechte

Bei den Grundpfandrechten handelt es sich um dingliche Verwertungsrechte. Dingliche Rechte sind die Rechte Dritter an einer Sache, z. B. an einem Grundstück. Als Verwertungsrecht berechtigen sie den Gläubiger, das Grundstück zwangsversteigern zu lassen, wenn der Grundstückseigentümer seinen Kreditzahlungsverpflichtungen nicht mehr nachkommen kann.

Grundpfandrechte bilden die Grundlage für die Kreditsicherung beim Grundstückskauf und im Rahmen der Baufinanzierung.

Über die Grundschuld ist im BGB kaum etwas ausdrücklich geregelt, weil lange Zeit fast nur Hypotheken als Grundpfandrechte genutzt worden sind. Heute hat die Grundschuld bei der Kreditsicherung die größte Bedeutung bei den Grundpfandrechten.

©U-Form Verlag – Kopieren verboten!

A1	Bewertung von Grundstücksangeboten

1.2.2.2

Lösung **4.** ist **richtig**.

Eine Hypothek entsteht nicht bereits mit der Eintragung ins Grundbuch, sondern erst, wenn der Kreditnehmer seinen Kredit auch tatsächlich erhalten hat. Bis zu diesem Zeitpunkt behält sie der Eigentümer selbst (das nennt man eine Eigentümergrundschuld).

Zu Antwort 1.: Falsch

Natürlich handelt es sich nicht um ein Sicherungsmittel des Schuldners, sondern des Gläubigers. Und natürlich leitet nicht der Schuldner im Falle seiner eigenen Zahlungsunfähigkeit die Zwangsversteigerung ein, sondern der Gläubiger.

Richtig ist, dass die Hypothek ein Sicherungsmittel für einen Kredit darstellt, und zwar zugunsten desjenigen, der dem Grundstückseigentümer einen Kredit gewährt. Wenn der Kredit nicht zurückgezahlt werden kann, so ist der Hypothekengläubiger befugt, die Zwangsvollstreckung des Grundstücks zu betreiben, um mit dem erzielten Erlös seinen Kredit und die geschuldeten Zinsen zurückgezahlt zu bekommen.

Die gesetzliche Definition der Hypothek findet man in § 1113 Absatz 1 BGB.

Zu Antwort 2.: Falsch

Die Einzelheiten des Kreditvertrages zwischen dem Grundstückseigentümer und der Bank werden zuerst festgelegt; die Eintragung einer Hypothek als Sicherungsmittel ist schließlich eine der Einzelheiten. Erst danach wird die Hypothek bestellt.

Der Kredit wird in der Regel erst ausgezahlt, wenn die Hypothek (oder zumindest eine Vormerkung) zugunsten des Kreditgebers im Grundbuch eingetragen ist.

Zu Antwort 3.: Falsch

Selbstverständlich muss der Grundstückseigentümer die Belastung seines Grundstücks bewilligen; das Vorliegen eines Kreditvertrages genügt nicht. Die Bewilligung der Eintragung durch den Eigentümer muss in notariell beglaubigter Form vorliegen.

Zu Antwort 5.: Falsch

Wenn der Kredit ganz oder teilweise zurückgezahlt wird, so mindert sich die Hypothek um den getilgten Betrag. Es ist allerdings nicht praktikabel, die Minderungen stets im Grundbuch zu erfassen. Deshalb steht im Grundbuch auch nur die Anfangssumme des Kredits, es ist nicht ersichtlich, wie viel davon bereits zurückgezahlt ist.

1.2.2.3

Lösung **3.** ist **richtig**.

Es ist richtig, dass die Briefhypothek den vom BGB vorgesehenen Regelfall darstellt. Daher muss im Grundbuch nicht gesondert erwähnt werden, wenn es sich um eine Briefhypothek handelt. Wenn es sich um eine Buchhypothek handelt, muss dies aus der Eintragung deutlich hervorgehen.

Zu Antwort 1.: Falsch

Es ist richtig, dass im Normalfall über die Hypothek ein Hypothekenbrief ausgestellt wird. Dann spricht man von einer Briefhypothek. Die Erteilung des Briefs kann jedoch ausgeschlossen werden. Dann spricht man von einer Buchhypothek. Dies regelt § 1116 BGB in den Absätzen 1 bis 3.

Bewertung von Grundstücksangeboten — A1

Zu Antwort 2.: Falsch

Den Hypothekenbrief bei einer Briefhypothek erhält der Gläubiger, nicht der Schuldner. Mit der Übergabe des Briefes erwirbt der Gläubiger die Hypothek. Dies ist in § 1117 BGB geregelt.

Zu Antwort 4.: Falsch

Wenn die Eintragung nicht erwähnt, ob es sich um eine Buch- oder um eine Briefhypothek handelt, so handelt es sich um eine Briefhypothek.

Eintragungen für eine Briefhypothek können beispielsweise lauten:

„250.000 € für die Kreditbank Hannover-Nord eG …" oder
„250.000 € Hypothek für die Kreditbank Hannover-Nord eG …" oder
„250.000 € Darlehen für Kreditbank Hannover-Nord eG …"

Wenn es sich hingegen um eine Buchhypothek handelt, können die Eintragungen beispielsweise folgendermaßen lauten:

„250.000 € für die Kreditbank Hannover-Nord eG brieflos eingetragen am …" oder
„250.000 € Hypothek für die Kreditbank Hannover-Nord eG ohne Brief eingetragen am …" oder
„250.000 € Buchhypothek für Kreditbank Hannover-Nord eG …".

Zu Antwort 5.: Falsch

Normalerweise wurde eine Hypothek – bis sie in der Praxis von der Grundschuld verdrängt wurde – als Verkehrshypothek eingetragen.

INFO

Die Verkehrshypothek

Die Verkehrshypothek ist die Regelform einer Hypothek, sozusagen die „normale" Hypothek. Sie wird auch als Verkehrshypothek bezeichnet, weil es sich um die im Verkehr übliche Art der Hypothek handelt.

Die Sicherungshypothek

Im Gegensatz zur Verkehrshypothek gibt es die Sicherungshypothek, die in § 1184 BGB geregelt ist.

Die Sicherungshypothek kann gemäß § 1185 Absatz 1 BGB nur in Form der Buchhypothek bestellt werden.

Die Sicherungshypothek ist nicht verkehrsfähig. Praktische Bedeutung hat sie nur als Zwangssicherungshypothek, die ein Gläubiger, z. B. ein Handwerker, wegen einer titulierten Forderung gegen den Willen des Eigentümers ins Grundbuch eintragen lassen kann.

Bauhandwerkersicherungshypothek

Einen gesetzlich geregelten Fall der Sicherungshypothek sieht § 648 Absatz 1 BGB vor.

A1 Bewertung von Grundstücksangeboten

1.2.2.4

Aussage **5.** ist **falsch**.

Die Hypothek erlischt nicht mit der Tilgung, vielmehr wird sie gemäß § 1163 Absatz 1 BGB zur „verdeckten Eigentümergrundschuld". Gelöscht wird sie erst mit Antrag/Bewilligung des Grundstückseigentümers mit löschungsfähiger Quittung des Kreditgebers

Zu Antwort 1. und 2.: Richtige Aussagen

Die Hypothek setzt immer – übrigens anders als die Grundschuld – eine Forderung voraus. Ohne eine Forderung kann eine Hypothek nicht entstehen, und wenn die Forderung erloschen oder getilgt ist, kann die Hypothek nicht fortbestehen. Diese Verbindung zwischen Hypothek und Forderung bezeichnet man als „Akzessorietät".

Zu Antwort 3.: Richtige Aussage

Die Forderung muss nicht unbedingt gegen den Grundstückseigentümer selbst bestehen; sie kann auch gegen einen Dritten bestehen. Wenn die Forderung gegen einen Dritten mit einer Hypothek gesichert ist, so kann das Grundstück zwangsversteigert werden, ohne dass sich der Grundstückseigentümer – obwohl er nicht Schuldner ist – dagegen wehren kann. Er hat ja sein Grundstück als Sicherheit für die Forderung gegen einen Dritten zur Verfügung gestellt.

Zu Antwort 4.: Richtige Aussage

Wenn eine Forderung an einen anderen Gläubiger übertragen wird, geht auch die Hypothek gemäß § 1153 BGB an den neuen Gläubiger über.

Gläubiger der Hypothek und Gläubiger der Forderung müssen also immer ein und dieselbe Person sein.

1.2.2.5

Lösung **2.** ist **richtig**.

Die Eintragung der Hypothek ins Grundbuch regelt § 1115 BGB.

Der Schuldner muss nicht eingetragen werden, weil für die Sicherung durch eine Hypothek unerheblich ist, ob der Grundstückseigentümer selbst der Schuldner ist oder ein Dritter. Eingetragen wird, dass das Grundstück für die Forderung haftet.

1.2.2.6

Lösung **1.** ist **richtig**.

Eine Hypothek setzt das Bestehen einer Forderung voraus, eine Grundschuld nicht.

1.2.2.7

Lösung **2.** ist **richtig**.

Eine Grundschuld ist ein dingliches Verwertungsrecht, das heißt, dass mit der Sache (hier: mit dem Grundstück) gehaftet wird. Dabei spielt es keine Rolle, ob der Kredit an den Grundstückseigentümer selbst oder an einen Dritten (hier: an den Käufer) ausgezahlt wird. Das Wohnungsunternehmen haftet also mit dem Grundstück.

Bewertung von Grundstücksangeboten	**A1**

1.2.2.8

Zur Löschung einer Eintragung – egal welcher – aus dem Grundbuch ist immer ein **Antrag** erforderlich, ebenso wie die **Bewilligung** desjenigen, dessen Recht gelöscht wird. Bei einer Briefgrundschuld muss darüber hinaus der **Grundschuldbrief** vorgelegt werden.

1.2.3 Rangverhältnisse der Belastungen im Grundbuch

1.2.3.1

Lösung **4.** ist **richtig**.

– Wenn eine Eintragung erfolgt ist, so geht sie späteren Eintragungen grundsätzlich vor.

– Wenn Eintragungen am gleichen Tag in ein und derselben Abteilung erfolgen, so hat die Eintragung mit der kleineren Rangnummer den Vorrang (Nr. 1 geht vor Nr. 2).

– Bei Eintragungen in verschiedenen Abteilungen am gleichen Tag haben beide Eintragungen den gleichen Rang, es sei denn einem Eintrag wird ausdrücklich der Vorrang eingeräumt.

1.2.3.2

Die richtige Reihenfolge lautet:

a)	b)	c)	d)	e)	f)	g)
7	5	4	1	2	3	6

Das älteste Recht hat den höchsten Rang, also ist das Wegerecht von 1997 das Recht mit dem höchsten Rang. Das nächstälteste Recht ist von 2000.

2012 gab es mehrere Eintragungen, so dass jetzt nach dem Datum sortiert werden muss. Am 22.05.2012 gab es zwei Eintragungen, wobei der Vorrang des Rechtes III/2 allerdings mit eingetragen ist.

Anschließend folgen noch die Eintragungen vom 24.06.2012 und vom 27.06.2012 und als jüngste Eintragung das Leitungsrecht von 2015.

©U-Form Verlag – Kopieren verboten!

A1 Bewertung von Grundstücksangeboten

1.2.4 Baulastenverzeichnis

1.2.4.1

Lösung **4.** ist **richtig**.

Die Abstandsflächenbaulast enthält die Verpflichtung, im Falle einer Grenzbebauung die gesicherte Abstandsfläche eines Nachbargrundstücks auf dem eigenen Grundstück zu übernehmen.

Weitere Erläuterungen zur Baulast

- Die Baulast ist eine öffentlich-rechtliche Verpflichtung. Die Baulastenerklärung wird nämlich gegenüber der Bauaufsichtsbehörde und nicht gegenüber einer Privatperson abgegeben.

  Die Rechte Dritter sind durch eine Baulast nicht betroffen. Dies bedeutet, dass eine Baulastenübernahme keine privatrechtlichen Beziehungen zwischen den Grundstückseigentümern begründet. Die zusätzliche Eintragung einer Grunddienstbarkeit ist daher für den Betroffenen zu empfehlen.

- Baulasten werden ins Baulastenverzeichnis eingetragen; eine Eintragung ins Grundbuch erfolgt nicht.

- Ein Wegerecht ist eine typische Baulast, sie wird teilweise auch als Zuwegungsbaulast bezeichnet.

- Eine Baulast kann gelöscht werden, wenn ein öffentliches Interesse an der Baulast nicht mehr besteht.

1.2.4.2

Das Baulastenverzeichnis wird im Bauamt der Städte und Gemeinden geführt.

INFO

Baulasten

Eine Baulast ist eine öffentlich-rechtliche Verpflichtung des Grundstückseigentümers zu einem sein Grundstück betreffenden Tun, Dulden oder Unterlassen, welches sich nicht schon aus öffentlich-rechtlichen Vorschriften ergibt.

Bei der Durchführung von Bauvorhaben ist zur Einhaltung öffentlich-rechtlicher Vorschriften häufig die Eintragung einer Baulast erforderlich. Dies kann zum Beispiel das Einräumen einer Grenzbebauung oder ein Wegerecht sein. Durch die Übernahme von Baulasten wird die Realisierung von Vorhaben (Bauvorhaben, Grundstücksteilungen) ermöglicht, welche aufgrund rechtlicher Vorschriften sonst nicht genehmigungsfähig wären.

Das Baulastenverzeichnis

Das Baulastenverzeichnis wird im Bauamt der Städte/Gemeinden geführt und kann von einem potenziellen Grundstückskäufer dort eingesehen werden. Da die Baulasten – anders als die oben behandelten Dienstbarkeiten – nicht grundlegend in das Grundbuch eingetragen werden müssen, ist es für den Erwerber eines Grundstücks wichtig, auch das Baulastenverzeichnis einzusehen.

Bewertung von Grundstücksangeboten

A1

1.3 Der Verkehrswert des Grundstücks

1.3.1 Grundlagen zum Verkehrswert

1.3.1.1

Lösung **3.** ist **richtig**.

Der Verkehrswert (auch gemeiner Wert, Marktwert) entspricht dem Preis, der bei der Veräußerung einer Immobilie unter normalen Umständen zu erzielen ist.
Der Verkehrswert wird in § 194 BauGB definiert.

1.3.1.2

Lösung **3.** ist **richtig**.

Gemäß der Definition im Baugesetzbuch sollen persönliche und ungewöhnliche Verhältnisse außer Acht bleiben.

§ 6 ImmoWertV beschreibt, was unter persönlichen und ungewöhnlichen Verhältnissen zu verstehen ist.

1.3.1.3

Lösung **2.** ist **richtig**.

Gemäß § 195 BauGB ist der den Verkauf eines Grundstücks beurkundende Notar verpflichtet, dem Gutachterausschuss einer Gemeinde oder eines Landkreises eine Abschrift des Kaufvertrages zu senden. Dies geschieht zum Zweck von Kaufpreissammlungen, welche die Grundlage für die Ermittlung von durchschnittlichen Lagewerten (Bodenrichtwerte) bilden.

Die Bodenrichtwerte werden von Gutachterausschüssen ermittelt und in Form von Bodenrichtwertkarten ortsüblich bekannt gegeben.

Je nach Bundesland werden sie jährlich oder im Zweijahresrhythmus konkretisiert.

©U-Form Verlag – Kopieren verboten!

A1	Bewertung von Grundstücksangeboten

1.3.2 Das Vergleichswertverfahren

1.3.2.1

- Lage des Grundstücks
- Grundstücksgröße gemäß Bestandsverzeichnis des Grundbuchs
- Grundstücksbezogene Lasten und Beschränkungen gemäß Abt. II Grundbuch
- Baulasten gemäß Baulastenverzeichnis
- Art und Maß der baulichen Nutzung bzw. Baureife
- Bodenbeschaffenheit
- Grundstückszuschnitt
- Erschließungszustand
- Vorder- oder Hinterland
- Infrastruktur
- Himmelsrichtung
- Bevölkerungsstruktur

Bei großen oder besonders tiefen Grundstücken ist von Bedeutung, wie viel Vorder- oder Hinterland anteilig zum Grundstück gehört, denn das so genannte Hinterland ist nur eingeschränkt nutzbar und damit häufig nur 25 – 40 % des Vorderlandes wert.

Eine absolute Übereinstimmung ist nur selten, deshalb kann der Gutachter Zu- und Abschläge berücksichtigen, die allerdings angemessen sein müssen. Anderenfalls wären die Grundstücke nicht mehr vergleichbar.

1.3.2.2

Lösung **2.** ist **richtig**.

Anwendung des Vergleichswertverfahrens

Das Vergleichswertverfahren wird nicht nur bei unbebauten Grundstücken angewandt, sondern auch bei bebauten Grundstücken, wenn es sich um marktgängige und dadurch vergleichbare Immobilien handelt.

Zu den wertbeeinflussenden Eigenschaften gehört die Lage des Grundstücks, die Oberflächenbeschaffenheit, Erschließung, die Größe und der Zuschnitt sowie die Voraussetzung, ob das Grundstück bebaut ist.

Bei einer Bebauung kommt es wiederum darauf an, wie das Grundstück bebaut ist. Hier ist die Art, die Größe, der Nutzungszweck, das Alter, der Bauzustand und der Ertrag maßgeblich.
Häufig wird das Vergleichswertverfahren für Penthouse-Wohnungen angewendet.

Bewertung von Grundstücksangeboten — A1

1.3.2.3

Der Kaufpreis, welcher gezahlt wurde, ist Anhaltspunkt für den Wert der Eigentumswohnungen.
Die beim Gutachter einsehbare Kaufpreissammlung ist immer aktuell, da jeweils am Ende des Kalenderjahres die Kaufpreissammlung nach den Wesentlichkeitsmerkmalen für besondere Grundstücke erstellt wird.
Unabhängig muss vor Abschluss des Kaufvertrages der Makler die Eigentumswohnung vor Ort nach den vorgenannten Kriterien (siehe Aufgabe 1.3.2.2) prüfen.
Dazu sollte eine Checkliste, wie sie bei der Abnahme von Mietwohnungen üblich ist, erarbeitet werden.

Eine weitere Überprüfung des Kaufpreises kann der Makler vornehmen, indem er den erzielten Kaufpreis entsprechend der Wohnungsgröße umrechnet.

Beispielrechnung:

$$\frac{298.500,00\ \text{€}}{90\ \text{m}^2} = 3.316,67\ \text{€/m}^2$$

Für eine 110 m² große Penthouse-Wohnung muss der Makler die Berechnung wie folgt vornehmen:

$$110\ \text{m}^2\ \times\ 3.316,67\ \text{€} =\quad 364.833,70\ \text{€}$$

$$+\ \ 17.100,00\ \text{€}\quad \text{Stellplatz}$$

$$\underline{+\ \ 41.797,66\ \text{€}\quad \text{Bodenwert}}$$

$$423.731,36\ \text{€}\quad \text{Gesamtpreis}$$

Berechnung des Bodenanteils nach MEA

$$\frac{1000\ \text{MEA}}{6050\ \text{m}^2} = 0,16528\ \text{für 1 MEA}$$

$$110\ \text{m}^2\ \times\ 0,16528\ \text{MEA}\ =\ 18,1808\ \text{MEA}$$

$$380,00\ \text{€}\ \times\ 6050\ \text{m}^2\ =\ 2.299.000,00\ \text{€}$$

$$\frac{2.299.000,00\ \text{€}\ \times\ 18,1808\ \text{MEA}}{1000\ \text{MEA}} = 41.797,66\ \text{€ Bodenanteil}$$

1.3.2.4

Bauerwartungsland sind Flächen, die nach ihrer Eigenschaft, ihrer sonstigen Beschaffenheit und ihrer Lage eine bauliche Nutzung in absehbarer Zeit tatsächlich erwarten lassen. Diese Erwartung kann sich insbesondere auf eine entsprechende Darstellung im Flächennutzungsplan gründen.

Zu Bauerwartungsland zählen auch Grundstücke, die zwar in keinem Flächennutzungsplan enthalten sind, auf welchen die Bebauung aufgrund der Entwicklung des Gemeindegebiets jedoch nach der Verkehrsauffassung zu erwarten ist.

Rohbauland sind Flächen, die für eine bauliche Nutzung bestimmt sind, deren Erschließung aber noch nicht gesichert ist oder die nach Lage, Form oder Größe für eine bauliche Nutzung unzureichend gestaltet sind.

Baureifes Land sind Flächen, die nach öffentlich-rechtlichen Vorschriften baulich nutzbar sind, die Erschließung ist vollständig bis zum Grundstück vorhanden.

A1	Bewertung von Grundstücksangeboten

1.3.3 Das Ertragswertverfahren

1.3.3.1

Das Ertragswertverfahren wird für Renditeobjekte, Miethäuser, vermietete Gewerbeobjekte angewendet.

Im Ertragswertverfahren steht ausschließlich das Renditedenken im Vordergrund. Es wird somit das Grundstück von der gewünschten Rendite her bewertet.

Das Immobilienunternehmen oder der Immobilienanleger fragt sich, welche Rendite ihm das eingesetzte Kapital bringt.

Die Berechnungsgrundlage ist der Ertrag, der die Verzinsung des Bodenwertes und des Bauwerkes erhält.

Ausgangspunkt der Ertragswerberechnung sind daher alle aus dem Grundstück nachhaltig erzielten Einnahmen, insbesondere Miete, Pachten und andere Erträge, soweit sie unmittelbar aus der Nutzung des Grundstückes und seiner baulichen Anlagen resultieren.

1.3.3.2

1. Ermittlung des Bodenwertes

Der Bodenwert ist entweder aus der Bodenrichtwertkarte zu entnehmen oder wie bei der Bewertung eines unbebauten Grundstückes zu errechnen.

Formel: Fläche des Grundstücks in Quadratmeter x Bodenrichtwert pro Quadratmeter

2. Ermittlung des Wertes der baulichen Anlage

Rohertragsberechnung für das Jahr (Miete/m²/Wfl. x Gesamt m² x 12 Monate)
- **minus Bewirtschaftungskosten** (sie beinhalten die AfA auf Gebäude, die Verwaltungskosten, die Instandsetzungskosten, MAW sowie alle Betriebskosten, die dem Eigentümer entstehen)
- = **Grundstücksreinertrag**
- **minus Verzinsung des Bodenwertes** (Bodenwert x Liegenschaftszins) hier wird der Anteil des Reinerlöses errechnet, der auf die bauliche Anlage entfällt
- = **Reinertrag der baulichen Anlage**

- x **Vervielfältiger** (Der Vervielfältiger ist derjenige, der nach der Restnutzungsdauer der baulichen Anlage und dem zugrunde gelegten Zinssatz in Betracht kommt. Die Liegenschaftszinssätze sind beim Gutachterausschuss einzusehen.)
- = **Ertragswert der baulichen Anlage oder vorläufiger Ertragswert**
- +/– **plus/minus Zuschläge/Abschläge wegen wertbeeinflussender Umstände**
- = **Wert der baulichen Anlage ohne Boden**
- + **Bodenwert**
- = **Ertragswert des Grundstückes ohne Marktanpassungsfaktor**

Bewertung von Grundstücksangeboten — A1

1.3.3.3

a) Bodenwertermittlung   410 m² x 210,00 € /m² = 86.100,00 €

Ermittlung des Wertes der baulichen Anlage

	Rohertrag	8,96 € x 142,5 m² x 12 Monate	=	15.321,60 €
–	BWK 17 % des Rohertrages		=	2.604,67 €
=	Grundstücksreinertrag		=	12.716,93 €
–	Liegenschaftszins 4 % vom Bodenwert	= 86.100,00 € x 4 %	=	3.444,00 €
=	Reinertrag der baulichen Anlage		=	9.272,93 €
x	Vervielfältiger 19,58*	= 9.272,93 € x 19,58	=	181.563,96 €
=	vorläufiger Ertragswert		=	181.563,96 €
–	7 % Instandsetzungskosten	181.563,96 € x 7 %	=	12.709,48 €
=	Wert der baulichen Anlage ohne Boden		=	168.854,48 €
+	Bodenwert		=	86.100,00 €
=	**Ertragswert**		**=**	**254.954,48 €**

* Nebenrechnung Barwertfaktor

Baujahr 1977; Wertgutachten 2018
= Das EFH ist 41 Jahre alt

Lebensdauer   80 Jahre
           - 41 Jahre
           39 Jahre Restnutzungsdauer (RND)

4 % Liegenschaftszins entspricht bei 39 Jahren RND laut **Vervielfältiger-Tabelle = 19,58**

b) Ertragswert für 1 EFH = 254.954,48 €

Ertragswert für 5 EFH = 1.274.772,40 €

Das Unternehmen möchte 10 % Gewinn in den Kaufpreis einrechnen:
1.274.772,40 € + 10 % = **1.402.249,60 €** beträgt der Gesamterlös mit Gewinn

---

Hinweis

Zu den Marktanpassungsfaktoren lesen Sie bitte die ImmoWertV (Ausfertigung 2010 Bundesanzeiger) § 14 sowie § 17 bis 20 und die EW-RL (2015 Bundesanzeiger) Punkt 12.1, 12.2.

Damit kann der Gutachter die Marktanpassung nach dem „vorläufigen Ertragswert" zurechnen und danach die objektbezogenen Grundstücksmerkmale berücksichtigen.

Er hat auch die Möglichkeit, die Marktanpassung entsprechend seiner Vorortuntersuchung nach den Objektmerkmalen plus/minus zu rechnen. Hier bildet die Marktlage, Ortskenntnis und Erfahrung des Gutachters die maßgebliche Entscheidung.

Sind keine Vermerke in den Prüfungsaufgaben angegeben, rechnen Sie die Marktanpassung vor den objektbezogenen Grundstücksmerkmalen ein.

Hier möchte das Wohnungsunternehmen Gewinn erwirtschaften und wird somit nach der Verkehrsermittlung die 10 % Marktanpassung/Gewinn zurechnen.

A1 Bewertung von Grundstücksangeboten

1.3.3.4

Für die Berechnung eines Verkehrswertes, unabhängig von den einzelnen Verfahren, ist es notwendig, den Wert des Grund und Bodens zu berechnen.

1. Im Ertragswertverfahren ist gemäß § 8 ImmoWertV der Wert der Gebäude und sonstigen Anlagen getrennt von dem Bodenwert auf der Grundlage des Ertrages zu ermitteln.

2. Der Boden- und Gebäudewert ist nach der Berücksichtigung von Zu- und Abschlägen wegen wertbeeinflussender Umstände, z. B. Altlastenbehaftung, Entkernung des Grundstücks nach § 12 ImmoWertV zu ermitteln.

3. Der Umrechnungskoeffizient kann beim Gutachterausschuss erfragt werden

Aus diesen Faktoren ergibt sich im Ertragswertverfahren der Bauwert. Der Bodenwert pro m² kann auch aus der Bodenrichtwertkarte entnommen werden. Die Bodenrichtwertkarte wird entweder beim Bauamt der Städte/Gemeinden oder beim Gutachterausschuss geführt.

Eine Bestimmung des Bodenwertes ist deshalb von Bedeutung:

- weil die Gebäude auf Grund und Boden stehen, welcher einen Kapitalwert darstellt oder verzinst werden muss, d. h. er muss eine Rendite abwerfen

- nach § 9 Abs.2 ImmoWertV muss einer Verzinsung des Bodenwertes ein Zinssatz zugrunde gelegt werden, der dann bei der Kapitalisierung berücksichtigt werden muss.

Bewertung von Grundstücksangeboten

A1

1.3.3.5.1

Modernisierungsberechnung:

Kosten   1.200,00 € x 876,36 m² = 1.051.632,00 €

1.051.632,00 € x 11 %	=	115.679,52 €
– Zuschuss	=	70.000,00 €
		45.679,52 €

45.679,52 : 876,36 m² : 12 Monate = 4,34 €/m²Wfl

4,34 : 3 Jahre = 1,45 €/m²Wfl

1.3.3.5.2

Ertragswertberechnung 1

NR:

Jahresrohertrag	32.074,78 €	876,36 m² x 3,05 €/m² x 12 = 32.074,78 €
– BWK 12 %	3.848,97 €	
– 3 % MAW	962,24 €	32.074,78 € x 3 % = 962,24 €
Grundstücksreinertrag	27.263,57 €	
– Bodenwertzins	6.727,00 €	620 m² x 310,00 € x 3,5 % = 6.727,00 €
Reinertrag der baul. Anlage	20.536,57 €	
x Vervielfältiger 27,66 =	568.041,52 €	
+ Bodenwert	192.200,00 €	620 m² x 310,00 € = 192.200,00 €
Ertragswert	760.241,52 €	

Ertragswertberechnung 2

NR:

Jahresrohertrag	77.715,60 €	3,05 €/m² + 4,34 €/m² = 7,39 €/m²
– BWK		7,39 €/m² x 876,36 €/m² x 12 = 77.715,60 €
VK	2.561,67 €	284,63 €/m² x 9 WE = 2.561,67 €
IHK	9.762,65 €	11,14 €/m² x 876,36 m² = 9.762,65 €
AfA	10.516,32 €	1.051.632,00 x 1 % = 10.516,32 €
Grundstücksreinertrag	54.874,96 €	
– Bodenwertzins	6.727,00 €	
Reinertrag der baul. Anlage	48.147,96 €	
x Vervielfältiger 26,00	1.251.846,96 €	
+ Bodenwert	192.200,00 €	
	1.444.046,96 €	

1.3.3.5.3

Die geplante Mod.-Maßnahme sollte durchgeführt werden.

Begründung:

- bessere Ausstattung der Wohnungen
- weniger Leerstand
- die Kosten der Modernisierung rechnen sich über die Jahre
- Zuschuss der Stadt wirkt sich zwar negativ auf den Erhöhungsbetrag aus, aber die Kosten werden um 70.000,00 € gesenkt.

| **A1** | **Bewertung von Grundstücksangeboten** |

1.3.4 Das Sachwertverfahren

1.3.4.1

Anwendung des Sachwertverfahrens

Das Sachwertverfahren muss angewendet werden, wenn keine vergleichbaren Objekte zur Verfügung stehen und wenn das Objekt nicht als Renditeobjekt gehandelt wird. Dies ist vor allem bei selbst genutzten Ein- und Zweifamilienhäusern der Fall. Ebenso kommt das Sachwertverfahren bei Verwaltungsgebäuden, Schulen, Krankenhäusern und ähnlichen Objekten zur Anwendung.

1.3.4.2

Die wesentlichen Merkmale sind:

- Die NHK 2010 sind der Anlage 1 der SWRL zu entnehmen. Diese enthalten auch die „Kostenkennwerte" mit denen gerechnet wird. BNK sind in den Werten einkalkuliert und finden deshalb keinen Ansatz mehr.

- Es gibt keine Gebäudejahrklassen mehr, stattdessen wird ein „Gebäudestandard" nach „Standardmerkmalen und -stufen" gemäß Anlage 2 der SWR angewendet.

- Korrekturfaktoren für Land/Städte entfallen, sie wurden abgeschafft.

- Bauindex nach den Vorgaben des Stat. Bundesamtes ist zugrunde zu legen.

- Als Baujahr ist das „ursprüngliche Baujahr" anzunehmen.

- Die Gesamtnutzungsdauer richtet sich nach Anlage 3 SWR

- Die RND berechnet sich grundsätzlich nach „GND abzüglich Alter" unter Beachtung des § 6 der ImmoWertV. Bei Mod. Maßnahmen verlängert sich die RND. Die Berechnung erfolgt nach Anlage 4 SWR.

- Außenanlagen können pauschal angesetzt werden oder mit 3 % der Gesamtkosten berechnet werden.

- Bezugsmaßstab ist die Bruttogrundfläche oder Objektbezogen „umbauter Raum".

1.3.4.3

Information zum Begriff Normalherstellungskosten/Bruttogrundfläche

Im Sachwertverfahren ist die Ermittlung der BGF (Bruttogrundfläche) für die Wertermittlung das Entscheidendste.

Wichtig ist, dass der Gutachter diese Kosten richtig ermittelt. Die Kosten der BGF sind die Kosten, welche für die Herstellung eines Gebäudes entstehen.

Im Allgemeinen werden die NHK nach durchschnittlichen Erfahrungswerten berechnet.

Diese sind: – Nutzungsart
– Bauweise
– Bauart
– Basisjahr

Als Basisjahr wird das Jahr 2010 angenommen, die BGF wird nach DIN 277-2-2005-02 berechnet.

Für das Sachwertverfahren ist die ImmoWertV § 21 und 23 in Verbindung mit § 1 – 8 sowie die Sachwertrichtlinie (SW-RL) vom 05.09.2012 die Grundlage.

Bewertung von Grundstücksangeboten | A1

Lesen Sie dazu den Auszug aus der SW-RL vom 05.09.2012 Seite 3 – 6 (veröffentlicht im Bundesanzeiger vom 18.10.2012 BAMZ AT 18.10.2012 B1 Seite 1 – 49) sowie das nachstehende Beispiel aus der o.g. Richtlinie S. 8

Die NHK 2010 werden auf der Grundlage der Kostenkennwerte für Kostengruppen 300 + 400 in €/m² BGF einschließlich Baunebenkosten und Umsatzsteuer abgeleitet.

Die BGF ergibt sich aus der Summe der Grundfläche der Bereiche a, b und c.

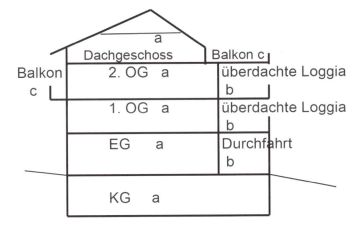

Bereich a: Kellergeschoss, Erdgeschoss, 1. und 2. Obergeschoss
            Überdeckt und in voller Höhe

Bereich b: Durchfahrt im Erdgeschoss, überdachte/r Balkon/Loggia im 1. OG
            und überdachte Terrasse 2.OG, aber nicht allseitig in voller Höhe

Bereich c: nicht überdeckter Balkon 2.OG und nicht überdachte Terrasse im 2.OG

Lebensdauer eines Gebäudes

Orientierungswerte für die übliche Gesamtnutzungsdauer eines Gebäudes bei ordnungsgemäßer Bewirtschaftung: Gemäß SW-RL

Ein Gutachter wird nach der Besichtigung des Objektes und der aktuellen Situation auf dem Grundstücksmarkt die GND bestimmen.

Bei EFH, ZFH sowie Doppelhäusern/Reihenhäusern – das sind die typischen Sachwertobjekte – hängt die GND von der Standardstufe des Gebäudes ab. (siehe dazu Anlage 2 SW-RL)

    Standardstufe 1   60 Jahre
    Standardstufe 2   65 Jahre
    Standardstufe 3   70 Jahre
    Standardstufe 4   75 Jahre
    Standardstufe 5   80 Jahre

Mehrfamilienhäuser   70 Jahre +/- 10 Jahre

Wohn und Geschäftshäuser   70 Jahre +/- 10 Jahre

Für Gebäude die modernisiert wurden, kann von einer längeren RND ausgegangen werden.

Für die Ermittlung der RND bei Wohngebäuden wird auf die Anlage 4 der SW-RL zurückgegriffen.

A1 Bewertung von Grundstücksangeboten

1.3.4.4

Sachwertverfahren

Bodenwert 300,00 € x 550 m²	=	165.000,00 €
NHK 700,00 € x 200 m²	=	140.000,00 €
+ Korrekturfaktor 140.000,00 x 7,5 %	=	10.500,00 €
NHK zum Stichtag ohne BNK	=	150.500,00 €
+ BNK 150.500,00 x 17 %	=	25.585,00 €
NHK		176.085,00 €
x Index $\frac{116,6}{80,5}$ x 100 – 100 = 44,84 %	=	78.956,51 €
Zeitgemäße NHK		255.041,51 €
– Wertminderung 29 %	–	73.962,04 €
+ Außenanlagen	+	25.000,00 €
+ Bodenwert	+	165.000,00 €
Sachwert		371.079,47 €

Ertragswert

18,50 € x 200 m² x 12 Monate	=	44.400,00 €
– BWK 15 % von 44.400	=	6.660,00 €
Jahresrohertrag	=	37.740,00 €
– Liegenschaftszins 5 % von 165.000	–	8.250.00 €
Jahresreinertrag	=	29.490,00 €
x Vervielfältiger 20-fachen	=	589.800,00 €
– Wertminderung 29 %	–	171.042,00 €
Gebäudeertragswert	=	418.758,00 €
+ Bodenwert	=	165.000,00 €
Verkehrswert	=	583.758,00 €

Mittelwertberechnung

$$\frac{371.079,47 \ + \ 583.758,00}{2} = \underline{477.418,74 \ €}$$

Bewertung von Grundstücksangeboten

A1

1.3.4.5.1

Ermittlung des Sachwertes

BGF 390 m² x 1.260,00 € NHK	=	491.400,00 €
+ BNK 15 % von 491.400,00	=	73.710,00 €
Gesamtkosten	=	565.110,00 €
x Index $\frac{120,0}{108,9}$ x 100 − 100 = 10,19	=	57.584,71 €
= zeitgemäße NHK	=	622.694,71 €
= vorläufiger Sachwert	=	622.694,71 €
+ Marktanpassung 5 %	=	31.134,74 €
marktangepasster vorl. Sachwert	=	653.829,45 €
+ Außenanlagen	=	21.205,00 €
+ Bodenwert 420,00 € x 820 m²	=	344.400,00 €
Sachwert	=	1.019.434,40 €

1.3.4.5.2

Bodenwert   200.000,00 €

Wert der baulichen Anlage

Rohertrag		70.000,00 €
Abzüglich Betriebskosten	15.000,00 €	
Instandhaltungskosten	5.000,00 €	
Mietausfallwagnis	1.500,00 €	
Bewirtschaftungskosten	21.500,00 €	− 21.500,00 €
Reinertrag		48.500,00 €
Abzüglich der Verzinsung des Bodenwertes 200.000,00 € x 4 %		− 8.000,00 €
Reinertrag der baulichen Anlage		40.500,00 €
x Vervielfältiger laut Tabelle 23,92		
Ertragswert der baulichen Anlage		968.760,00 €
Ertragswert (Verkehrswert)		1.168.760,00 €

©U-Form Verlag – Kopieren verboten!

A2	Der Maklervertrag

2 Der Maklervertrag

2.1 Zulassung zum Maklerberuf und Aufgaben des Maklers

2.1.1

a) Wer als Immobilienmakler, Wohnungsvermittler oder Bauträger gewerblich tätig werden möchte, benötigt zur Ausübung dieser Tätigkeit nach Gewerbeordnung § 34 c eine Erlaubnis der zuständigen Behörde. Seit 21. März 2016 (Neuregelung des § 34i GewO) muss Herr Grimm für den Abschluss von Verbraucherdarlehensverträgen im Sinne des § 491 Abs, 3 BGB oder § 506 BGB zusätzlich eine Erlaubnis nach GewO § 34i beantragen.

b) Für die gewerbliche Tätigkeit als Immobilienmakler wurde zum 17.10.2017 eine neue Berufszulassungsregelung im Bundesgesetzblatt verkündet.

Jeder Makler mit der GewO § 34c hat innerhalb eines Zeitraums von drei Jahren 20 Std. Weiterbildung nachzuweisen, das erstreckt sich auch auf Mietwohnungsverwalter.

Zum 01. August 2018 ist das Gesetz in Kraft getreten.

Nach EU-Wohnimmobilienkreditrichtlinie müssen Darlehens-Vermittler einen Sachkundenachweis der IHK vorlegen, um die Zulassung nach GewO § 34i zu erhalten.

Dadurch sollen Kunden vor unqualifizierten Gewerbetreibenden geschützt werden.

Der Maklervertrag

A2

2.2 Abschluss von Maklerverträgen

2.2.1

Einfacher Maklervertrag

- der Makler muss nicht tätig werden
- Auftraggeber kann noch weitere Makler beauftragen
- Auftraggeber (Verkäufer) kann auch selbst tätig werden
- es bedarf keines Abschlusses eines schriftlichen Maklervertrages
- wenn schriftlich, ist das mit einem Formularvertrag möglich
- Anspruch auf Provision nur bei Erfolg
- keine Laufzeitfestschreibung
- bei Aufgabe der Verkaufsabsichten kann der Makler den Verkäufer mündlich informieren

Makleralleinauftrag

- Makler muss tätig werden
- Auftraggeber kann keine weiteren Makler beauftragen
- Verkäufer kann selbst noch Immobilie verkaufen
- Maklervertrag muss abgeschlossen werden
- es wird ein Formularvertrag mit Abreden geschlossen
- Provisionsanspruch nach § 652 BGB bei Abschluss des Hauptvertrages
- Nachweis- und Informationspflicht des Maklers
- Laufzeit: 6 Monate, kann verlängert werden
- Vereinbarung über Aufwandsersatz, nach Vorlage der Belege oder einer Pauschale
- Anhang AGB
- Kündigungsrecht

2.2.2

Der qualifizierte Alleinauftrag beinhaltet die wesentlichen Pflichten aus dem Alleinauftrag und weiterhin:
- der Auftraggeber darf nicht mehr tätig werden
- Laufzeit 6 Monate bis 1 Jahr
- Maklervertrag ist immer ein Individualvertrag
- Verkauft der Auftraggeber die Immobilie selbst, muss er Provisionsersatzleistung zahlen
- Makler ist zum aktiven Einsatz verpflichtet
- Makler kann im Innenverhältnis mit anderen Maklern zusammenarbeiten

  Das Widerspruchsrecht muss angewendet werden:
  - bei Immobilienverkäufen grundsätzlich mit jeder Privatperson
  - im Bereich der Vermietung
  - bei Provisionsversprechungen

Jedem Vertrag ist die genaue Formulierung der Widerspruchsbelehrung beizufügen.
(s. Bundesgesetzblatt 2013 Teil I Nr. 58 ausgegeben in Bonn am 27. Sept. 2013)

Der Makler hat im eigenen Interesse Sorge zu tragen, dass er die pflichtgemäße Übermittlung der Widerspruchsbelehrung nachweisen kann.

Wenn der Makler den Vertrag in seinen Büroräumen abschließt, kann das Widerrufsrecht ausgeschlossen werden. Es bedarf dazu aber eines expliziten Hinweises, dass der Auftraggeber den Makler ausdrücklich beauftragt, mit der Ausführung des Auftrages schon vor Ablauf der Widerrufsfrist zu beginnen.

©U-Form Verlag – Kopieren verboten!

A2 Der Maklervertrag

2.2.3

Funktionen eines Exposés:

- Vermittlung objektbezogener Informationen (Lage, Größe, Ausstattung, Infrastruktur, Erschließung, Bauzustand, Bodenbeschaffenheit etc.)
- Marktgerechte Positionierung des Objektes
- Probates Mittel für die eigene Firmenwerbung
- Der Makler erfüllt mit der Erstellung des Exposés seine aus der MaBV auferlegte Informationspflicht
- Unterscheidung zwischen Kurzexposé und Langexposé

Gestaltung und Inhalte:

- Lage- und Gebäudebeschreibung, Nachbarbebauung
- Wert- und Nutzungsdaten sowie Objektangebotsdaten
- Qualität der Ausstattung der Wohnungen
- Besonderheiten
- Grundrisse, Schnitt, Ansicht
- Größe der Wohnfläche, Terrasse, Keller und Nebenflächen
- Ausstattung Fenster, Türen, Heizung, Böden, Einbauküche
- technische Daten der Heizung, Wasser usw.
- Energieausweis
- Kaufpreis – nur Endpreise zulässig lt. PangVO
- Provisionsanspruch (z. B. 5,95 % inkl. USt.)
- Vermietungsdaten in WE und Leerstand
- Mieteinnahmen pro Jahr
- Anschrift des Maklers, Telefonnummer, E-Mail Adresse
- AGB

Eine Vorschrift über den Aufbau eines Exposés gibt es nicht.

Die genauen Objektdaten – Name, Straße, PLZ dürfen nur den wirklichen Kaufinteressenten benannt werden. Denn erst durch die Kontaktaufnahme mit dem „Käufer" kommt der „stillschweigende" Maklervertrag zustande und sichert den Provisionsanspruch.

Der Makler haftet nicht für die Richtigkeit im Exposé, wenn er sich darauf beruft, dass die Angaben vom Verkäufer kommen.

2.2.3.1

Seit dem 01.05.2014 ist die novellierte Energieeinsparverordnung (EnEV) in Kraft.

Laut § 16a EnEV müssen Immobilienanzeigen in kommerziellen Medien Pflichtangaben zum Energieausweis beinhalten.

Der Maklervertrag

A2

2.2.3.2

Der **Verbrauchsausweis** basiert auf dem Energieverbrauch der Hausbewohner in den zurückliegenden drei Jahren und wird auf Basis der Heizkostenabrechnungen erstellt. Hier sind die Heizgewohnheiten der Verbraucher ausschlaggebend.

Beim **Bedarfsausweis** hingegen spielt das individuelle Heizverhalten keine Rolle. Für diese Variante werden die Energiebedarfskennwerte von einem Fachmann rechnerisch auf der Grundlage von Baujahr, Bauunterlagen, technischen Gebäude- und Heizungsdaten und unter Annahme von standardisierten Randbedingungen (Klimadaten, Nutzerverhalten, Raumtemperatur u. a.) bestimmt.

Grundlegend muss bei beiden Arten der Ausweiserstellung bei Wohngebäuden vom Eigentümer Folgendes beachtet werden:

- Befeuerungsart
- Baujahr
- Energieeffizienzklasse
- der wesentliche Energieträger

Ist im Energieverbrauchskennwert der Energiewert für Warmwasser nicht enthalten, so ist der Verbrauch an Energie um 20 KWh/Jahr und Gesamtnutzfläche zu erhöhen.

Die Effizienzklasse für Wohngebäude ist ab dem 01.05.2014 im Bandtacho ausgewiesen. So ist der Bezug der Effizienzklasse der EnEV 2014 die so genannte Gebäudenutzfläche (abgeleitet aus dem Bruttovolumen des Gebäudes).

2.2.3.3

Der Makler muss spätestens bei der Besichtigung einen Energieausweis oder eine Kopie davon vorlegen, welche nach dem Formblatt der Anlage 6/7 zu § 16 ff EnEV auszufüllen ist.

Bei Fehlen des Energieausweises können Bußgelder bis zu 15.000,00 € drohen.

Im Exposé oder einer Anzeige muss der Makler mit einem Satz darauf hinweisen, z. B.

„Der Energiebedarfsausweis-/verbrauchsausweis liegt vor und kann jederzeit eingesehen werden".

Der Makler muss dem Käufer auf Anfragen den Energieausweis auch erläutern können, z. B.

- Was sind wesentliche Energieträger der Heizung?
- Welche Energieeffizienzklasse hat das Gebäude?
- Wurde der Ausweis nach Bedarf oder Verbrauch bewertet?

Ausnahmen gelten bei Baudenkmälern, Gebäuden innerhalb von Ensembles oder denkmalgeschützten Bereichen sowie Gebäuden mit bis zu 50 m² Nutzfläche.

Ferienhäuser, Stallungen, Gewächshäuser oder sonstige Gebäude mit einer speziellen Nutzung benötigen ebenfalls keinen Energieausweis.

©U-Form Verlag – Kopieren verboten!

A2 Der Maklervertrag

2.2.4

Gewerbeobjekte

www.leipzig.de/immobilien

Exposé
0218-14

Ihr Ansprechpartner:

Max Mustermann
Neues Rathaus, Zimmer 1
Telefon: 0341 123-456
E-Mail: mustermann@leipzig.de

Friederikenstraße 37 in 04279 Leipzig

Gemarkung:	Dölitz
Flurstücke:	147/15, 147/16, 147/18
Grundstücksgröße:	18.654 m²
Nutzfläche (o. Keller):	5.176 m²
Eigentümer:	Stadt Leipzig

Kaufpreis: 490.000 €

Objektbeschreibung

Das Grundstück wurde 1955 mit einem Gebäudekomplex bebaut. Es diente als Ingenieurhochschule und Wohnheim. Das gesamte Areal steht unter Denkmalschutz. Das Grundstück liegt in einem Gewerbegebiet und darf demzufolge auch nur gewerblich genutzt werden. Durch die vorgegebene Bausubstanz ist bis auf wenige Stellen nur eine Büronutzung oder Ähnliches möglich. Die Unterbringung sozialer Einrichtungen wie Schule, Kindergarten, Alten- und Pflegeheim ist nicht genehmigungsfähig. Die Gebäudesubstanz muss instandgesetzt werden. Es bestehen vier Nutzungsverhältnisse, die vom Erwerber mit übernommen werden müssen.

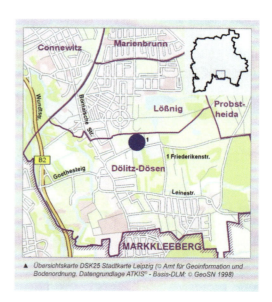

Senden Sie Ihre Bewerbung sowie die Antragsformulare (Internet: www.leipzig.de/immobilien) **bitte** unter Angabe der Exposénummer in einem verschlossenen Umschlag an die Stadt Leipzig, Liegenschaftsamt, 04092 Leipzig.

Der Maklervertrag   A2

Standortbeschreibung

Das Verkaufsgrundstück befindet sich in Leipzig-Dölitz, ca. 8,5 km südlich vom Stadtzentrum entfernt. Anschlüsse an öffentliche Verkehrsmittel sind fußläufig erreichbar. Über die Bundesstraße 2 ist auch die Anbindung an die Autobahnen A14 und A9 mittelbar gegeben.

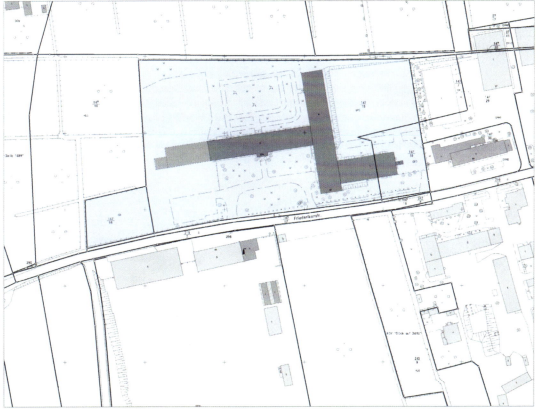

▲ *Datengrundlage: Liegenschaftskarte/Nordausrichtung (© Staatsbetrieb Geobasisinformation und Vermessung Sachsen) 09.01.2014*

Hinweis: Der Eigentümer haftet nicht für die Richtigkeit und Vollständigkeit der Angaben. Bei dieser Anzeige/diesem Exposé handelt es sich um eine Aufforderung zur Abgabe von Angeboten. Es besteht kein Rechtsanspruch auf Annahme. Es werden nur Angebote berücksichtigt, die ein genau beziffertes Kaufpreisangebot enthalten.

A2	**Der Maklervertrag**

2.3 Der Provisionsanspruch

2.3.1

Provisionsanspruch nach § 652 BGB entsteht nur, wenn folgende Voraussetzungen erfüllt sind:
- Provisionsversprechen des Auftraggebers liegt vor
- Tätigkeit des Maklers mit Nachweis einer Vertragsabschlussgelegenheit oder Vermittlung eines Hauptvertrages
- Ursachenzusammenhang (= „Kausalität") zwischen der Maklertätigkeit und dem Abschluss des Hauptvertrages
- Abschluss eines wirksamen Hauptvertrages

Provision
- Höhe frei vereinbar (Ausnahme: WoVG)
- ortsübliche Maklergebühr, falls Höhe nicht vereinbart ist
- umsatzsteuerpflichtig
- Aufwendungsersatz, sofern vereinbart
- Fälligkeit: nach Abschluss des Hauptvertrages

Keine Provision
- von Mieter (!) einer Sozialwohnung
- bei Vorliegen eines Verflechtungsbestandes
- Trotz gegenteiliger Vereinbarungen nimmt der Makler auch von der anderen Seite Provision (Verwirkung bei Treueverletzung § 654 BGB)

2.3.2

Provision:

Provisionsanspruch: 5,95 % inkl. USt.
Kaufpreis: 278.000,00 €

278.000,00 € x 5,95 % = **16.541,00 €**

Die ABC-Wohnungsbau GmbH erhält eine Provision von 16.541,00 € inklusive USt.

USt.-Berechnung:

16.541,00 €	=	119 %
x €	=	19 %

$$\frac{16.541,00\ €\ \times\ 19\ \%}{119\ \%} = \textbf{2.641,00 €}$$

Das Unternehmen muss 2.641,00 € USt. an das Finanzamt abführen.

2.3.3

a)

2.950.000,00 € x 7,14 % = 210.630,00 € inkl. USt.

210.630,00 : 2 = **105.315,00 € inkl. USt.**

Verkäufer und Käufer zahlen je 105.315,00 € Provision an die ABC-Wohnungsbau GmbH.

Der Maklervertrag

A2

b)

Die ABC-Wohnungsbau GmbH vereinbarte im Kaufvertrag **6 %** Provision.

Rechenweg:

Berechnung der USt.:

210.630,00 € = 119 %
x € = 19 %

$$\frac{210.630,00 \text{ € } \times 19 \text{ %}}{119 \text{ %}} = 33.630,00 \text{ € USt.}$$

Berechnung der Netto-Provision:

210.630,00 € – 33.630,00 € = 177.000,00 €

Berechnung Prozentsatz:

210.630,00 € = 7,14 %
177.000,00 € = x %

$$\frac{177.000,00 \text{ € } \times 7,14 \text{ %}}{210.630,00 \text{ €}} = 6 \text{ %}$$

2.3.4

Eine Innenprovision wird vom Auftraggeber (Verkäufer) gezahlt.

Sie wird <u>nicht</u> nach außen ausgewiesen. Die Provision ist im Kaufpreis enthalten.

Der Makler muss im Exposé angeben „*2.950.000,00 € Verkaufspreis, keine zusätzliche Käuferprovision*".

2.3.5

In den Fällen **1.**, **2. und 4.** steht dem Makler **keine** Maklerprovision zu (vgl. § 2 Abs. 2 Nr. 1 und Abs. 3 WoVermRG sowie Fernabsatzrecht lt. BGB).

2.3.6

Gemäß § 2 Absatz 2 und 3 WoVermRG, kann ein Verwalter Provision verlangen, wenn mit dem Eigentümer <u>keine</u> wirtschaftlichen Beteiligungen bestehen.

Dem Wohnungsvermittler steht keine Provision zu, wenn durch den Mietvertrag ein Mietverhältnis über dieselben Wohnräume fortgesetzt, verlängert oder erneuert wird.

Ebenfalls kein Anspruch steht dem Wohnungsvermittler gegenüber dem Wohnungssuchenden zu, wenn der Mietvertrag über öffentlich geförderte Wohnungen oder über sonstige preisgebundene Wohnungen abgeschlossen wird.

©U-Form Verlag – Kopieren verboten!

A2 Der Maklervertrag

2.3.7

Gemäß § 195 und § 199 BGB verjähren Ansprüche:

1. nach der Regelverjährungsfrist innerhalb von drei Jahren

2. die Frist beginnt am Ende des Jahres, in dem der Anspruch entstanden ist

   Beispiel: Der Makler vermittelt für den Eigentümer im April 2013 einen Mieter (Abschluss des Mietvertrages). Die Frist beginnt somit am 31.12.2013, der Provisionsanspruch verjährt am 31.12.2016.

2.3.8

Eine Reservierungsgebühr entsteht, wenn der Makler einen Kaufinteressenten für einen festgeschriebenen Zeitraum für die Immobilie vormerkt und diese keinem anderen Käufer anbietet.

Gleichzeitig muss sich der Makler für den Kaufinteressenten aktiv einsetzen, d. h. er nimmt Kontakt mit dem Notar auf, um den Hauptvertrag abzuschließen.

Für die Reservierung zahlt der Kaufinteressent eine Gebühr, die unter der Maklerprovision liegt.

Der Makler darf die Reservierungsvereinbarung nicht grundsätzlich in den AGB vereinbaren.

1. Problem:	Der Makler kann nur dann eine Reservierungsvereinbarung treffen, wenn er dies mit dem Verkäufer individuell ausgehandelt hat. Dieser Maklervertrag muss im Zweifel sogar notariell beurkundet werden, wenn damit zugleich ein unangemessener Druck zum Erwerb des Grundstücks auf den Kaufinteressenten ausgeübt wird.
2. Problem:	Der Kaufinteressent tritt, weil er unentschlossen war, vom Kauf der Immobilie zurück, so kann der Makler (theoretisch) schadenersatzpflichtig gegenüber dem Verkäufer gemacht werden. Dies ist in der Praxis jedoch rechtssicher kaum vorstellbar. Bei einer Schadensersatzforderung müsste der Verkäufer einen konkreten Schaden berechnen können und nachweisen, dass der Makler durch sein Handeln diesen Schaden schuldhaft verursacht hat.

2.3.9

Die gesetzliche Grundlage für das „Bestellerprinzip" wird im WoVermRG § 2, 1a seit dem 01.06.2015 klar definiert.

Das „Bestellerprinzip" bedeutet einfach gesagt, dass derjenige, der den Makler beauftragt, diesen auch zu bezahlen hat.

In der Regel beauftragt der Vermieter den Makler, einen geeigneten Mieter für die Mietwohnung zu suchen. Der Vermieter zahlt die Provision.

Selbstverständlich kann sich auch ein Mietsuchender mit einem Suchauftrag an einen Makler wenden. In dem Fall muss dann der Mieter die Provision bezahlen.

Das „Bestellerprinzip" gilt nur für die Vermittlung von Mietwohnungen, nicht für den Kauf/Verkauf von Häusern oder Eigentumswohnungen.

Der Maklervertrag

A2

2.3.10

a)

Der Interessent hat Recht und muss nicht zahlen. Es liegt kein textförmiger Vermittlungsvertrag zwischen ihm und dem Makler vor.

Auch die Bitte des Vermieters hat sich der Makler nicht textlich bestätigen lassen. Der Makler erhält also überhaupt keine Provision.

b)

Der Vermieter muss die Provision zahlen, denn der Makler wird nicht ausschließlich im Interesse des Mieters, sondern zumindest auch im Interesse des Vermieters tätig.

A3	Der Grundstückskaufvertrag

3 Der Grundstückskaufvertrag

3.1 Grundstück, Grundstücksmarkt

3.1.1

Die Aussagen **1.**, **2.**, **3.** und **4.** sind richtig

Antwort 1. §§ 433 ff.

Antwort 2. § 311b BGB in Verbindung mit § 125 BGB

Antwort 3. § 873 – § 903 BGB

Antwort 4. § 128 BGB sowie BeurkG §§ 17 – 21

3.1.2

Ein Grundstück ist im

- natürlichen Sinn: ein abgegrenzter Teil der Erdoberfläche

- katastermäßigen Sinn: ein Flurstück mit einer eigenen Nummer, die in Flurkarten zusammengefasst sind

- Rechtssinn: ein oder mehrere Grundstücke im katasterrechtlichem Sinn, die unter einer bestimmten Nummer im Grundbuch eingetragen sind.

INFO

Ein Grundstück kann aus einem oder mehreren Flurstücken bestehen.

Ein Flurstück kann nicht aus mehreren Grundstücken bestehen.

Der Grundstückskaufvertrag

A3

3.1.3

a) **Wesentliche Bestandteile** eines Grundstückes sind alle Dinge, welche mit dem Grund und Boden fest/untrennbar verbunden sind (z. B. Bodenplatte des Hauses, Bäume und Sträucher, Samen, welcher bereits aufgegangen ist). Diese Bestandteile teilen immer das Schicksal des Grundstückes.

Unwesentliche Bestandteile können sein: mit dem Grundstück verbundene Rechte (z. B. Vorkaufsrecht, Gewerberecht).

b) Scheinbestandteile sind **keine** Grundstücksbestandteile, sondern **nur vorübergehend** mit dem Grundstück verbunden (z. B. Bauzaun, Sonnenschutz, der Zaun zum Nachbarn oder ein Bau-Container).

c) Als Zubehör versteht sich ein **rechtlich selbständiger Gegenstand** (z. B. Öl- oder Gasbehälter im Garten, eine Unterstellmöglichkeit für das Auto oder Gartenlaube). Im Veräußerungsfall wird es jedoch mitverkauft, wenn es im Kaufvertrag vereinbart wird.

3.1.4

Entgeltlicher Erwerb

- per Rechtsgeschäft: durch Kauf, Tausch, Erbbaurecht
- per Hoheitsakt, Enteignung oder vertragliche Einigung, Zwangsversteigerung

Unentgeltlicher Erwerb

- durch Schenkung oder Erbfolge

Erwerb, der durch einen staatlichen Hoheitsakt erfolgt:

- durch den Zuschlag bei der Zwangsversteigerung oder
- durch den Entzug der Rechtsposition im Zusammenhang mit einem staatlichen Eingriff (z. B. Ausbau einer Autobahn oder Flughafenbau)

©U-Form Verlag – Kopieren verboten!

| **A3** | **Der Grundstückskaufvertrag** |

3.2 Praktischer Ablauf beim Kauf eines Grundstücks/Gebäudes

3.2.1

Ein Kaufvertrag über ein Grundstück oder über ein Gebäude mit Grund und Boden bedarf grundsätzlich der notariellen Beurkundung. Der Notar soll so Käufer und Verkäufer vor unüberlegten Handlungen sowie übereilten Schritten schützen.

Dem Notar obliegt bei der Beurkundung eine
- Warnfunktion
- Schutzfunktion
- Richtigkeitsgewähr

3.2.2

Die Beteiligten eines Kaufvertrages sind:

- **Käufer** (Erwerber nach BGB benannt)
  Er verpflichtet sich, den Kaufpreis zu entrichten und das Grundstück abzunehmen.

- **Verkäufer** (Veräußerer nach BGB benannt)
  Er verpflichtet sich, dem Käufer das Eigentum über das Grundstück zu beschaffen und zu übergeben.

  Es handelt sich um ein zweiseitiges, übereinstimmendes Rechtsgeschäft sowie schuldrechtliches Verpflichtungsgeschäft.

Die wesentlichen Inhalte eines Kaufvertrages sind:

- Vertragsbeteiligte
- Kaufgegenstand
- Kaufpreis
- Provision
- Übergang Lasten/Nutzen mit Kaufpreiszahlung und Termin
- Auflassungsvormerkung
- Belastungsvollmacht
- Haftung
- Übernahme der Kosten für Provision/Steuern
- Gerichts- und Notarkosten
- Eintragung der Auflassung
- Unterschriften Käufer, Verkäufer, Notar

3.2.3

Der Verkäufer haftet für	**Rechtsmängel**	**und Sachmängel**
	– Freiheit des Kaufgrundstücks und Gebäude von Rechten Dritter	– das Grundstück und das Gebäude muss frei von Mängeln sein, die den Wert mindern (z. B. echter Hausschwamm, Nässe)
	– Löschung der eingetragenen Rechte Dritter auf seine Kosten	
	– der Haftungsausschluss ist hier nicht möglich	– der Verkäufer haftet für zugesicherte Eigenschaften (z. B. Baufreiheit des Grund/Boden)

Der Grundstückskaufvertrag

A3

3.2.4

Mit der Kaufpreiszahlung oder einem Teil des Kaufpreises wird im Kaufvertrag meist der wirtschaftliche Übergang vereinbart.

Der Käufer erhält das Recht, das Gebäude zu bewohnen, Mieteinnahmen einzuziehen oder das Grundstück zu bebauen.

Gleichzeitig muss er aber alle Lasten, welche auf dem Grundstück liegen, z. B. alle Rechnungen für anfallende Betriebskosten und öffentliche Lasten tragen.

Der Erwerber verschafft sich die tatsächliche Gewalt über das Grundstück, obwohl er noch nicht im Grundbuch als Eigentümer eingetragen ist.

Der Verkäufer überträgt die Gefahr des zufälligen Untergangs oder die Verschlechterung des Zustandes auf den Erwerber.

Der Erwerber darf aber noch keine Rechtsgeschäfte mit Mietern ausüben (z. B. Mietverträge kündigen, Mieterhöhungen durchführen).

3.2.5

Eine Auflassungsvormerkung sichert dem Verkäufer, dass der Käufer den Kaufpreis zahlt und das Grundstück später in Besitz nimmt, weiterhin schützt die Auflassungsvormerkung den Käufer vor einem betrügerischen Doppelverkauf des Verkäufers.

Mit Bezahlung des Kaufpreises oder eines Teils des Kaufpreises durch den Käufer, wird der Notar an das Grundbuchamt den Antrag auf Eintragung der Auflassungsvormerkung in Abt. II stellen.

Der Notar kann die Auflassungsvormerkung auch nach Abschluss des notariell beurkundeten Kaufvertrags beim Amtsgericht stellen.

Die Auflassungsvormerkung sperrt das Grundbuch für weitere Eintragungen.

3.2.6

Das Notaranderkonto ist ein Konto des Notars. Er verwaltet den Kaufpreis treuhänderisch, bis der Käufer Eigentümer des Grundstücks geworden ist. Anschließend überweist er das Geld an den Verkäufer.

Der Verkäufer bewilligt die Eigentumsumschreibung erst, wenn das Geld auf dem Notaranderkonto eingegangen ist.

Das Notaranderkonto ist pfändungssicher und konkursfest, d.h. wenn der Käufer oder Verkäufer zwischenzeitlich Insolvenz angemeldet oder einer seiner Gläubiger einen Vollstreckungstitel zur Pfändung erhalten hat, so kann der Verkäufer sicher sein, dass er sein Geld erhält.

Eine gesetzliche Vorschrift, den Kaufpreis auf ein Anderkonto zu überweisen, besteht nicht. Es wird auch nicht häufig genutzt, da die Gebühren für ein Anderkonto hoch sind.

©U-Form Verlag – Kopieren verboten!

A3 Der Grundstückskaufvertrag

3.2.7

Der Notar hat folgende Aufgaben zu erfüllen:

- Ausweisüberprüfung der beteiligten Personen
- Anfertigen des Grundstückskaufvertrages
- Erläuterung bzw. Verlesen des Kaufvertrages
- Beurkundung des Vertragsabschlusses
- Versendung des Vertrages an alle Beteiligten
- Antragstellung an das Grundbuchamt zur Eintragung der Auflassungsvormerkung
- Beantragung von Änderungen und Löschungen beim Grundbuchamt
- Beurkundung der Auflassung und Antragstellung zur Bewilligung an das Grundbuchamt
- Der Notar kann für die Antragstellung der Auflassungseintragung vom FA die steuerliche Unbedenklichkeitserklärung nach Bezahlung der Grunderwerbssteuer abfordern, in der Regel sendet das FA diese dem Notar oder Käufer zu.
- bei Bedarf Abwicklung der Kaufpreiszahlung über das Notaranderkonto

Der Grundstückskaufvertrag

A3

3.3 Nebenkosten beim Grundstückskauf

3.3.1

Frau Leila Kaya muss nach Abschluss des Kaufvertrages nachstehende Kosten tragen:

– Nebenkosten	1,0 % bis 1,5 %	
– Grundbuchkosten	0,5 %	des Kaufpreises
– Grunderwerbssteuer	3,5 % und höher	
– Maklerprovision	5,95 % bis 7,14 % und höher	

Über die Höhe der Kosten entscheidet das jeweilige Land/ Gemeinde selbst, damit können die Prozentsätze landesunterschiedlich sein.

Es können aber auch Vermessungskosten, Erschließungskosten, Finanzierungskosten der Bank oder Gebühren der Gemeinde für Auskünfte anfallen.

3.3.2

Die steuerliche Unbedenklichkeitsbescheinigung erteilt das Finanzamt, wenn die Grunderwerbssteuer bezahlt wurde und auch so keine weiteren Steuerschulden bestehen.

Das Finanzamt kann die Steuern auch stunden und entscheidet eigenverantwortlich, ob der Käufer die Unbedenklichkeitserklärung erhält.

Die Unbedenklichkeitserklärung ist Voraussetzung für die Eintragung „als Eigentümer" im Grundbuch.

Erst wenn der Notar, nach Vorlage der Unbedenklichkeitserklärung, beim Grundbuchamt den Antrag auf Eintragung der beurkundeten Auflassung stellt, erfolgt nach Bewilligung des Grundbuchamtes die Umschreibung des Eigentums.

3.3.3

Die Parteien können frei festlegen, wer die Notariatskosten zu tragen hat. In der Regel übernimmt der Käufer diese Kosten.

3.3.4

§ 448 (2) BGB

3.3.5

Der Verkäufer.

Wenn vertraglich nichts anderes geregelt ist, dann trägt der Verkäufer alle Kosten bis zur Übergabe der verkauften Sache, hier also des Grundstücks. Dies ist in § 448 BGB Abs. 1 geregelt.

Dazu gehören die Kosten für die Löschung etwaiger noch vorhandener Belastungen sowie anfallender Vermessungskosten.

Dabei handelt es sich um dispositives Recht, das heißt, die Parteien können davon abweichen.

Lesen Sie dazu den § 448 BGB.

©U-Form Verlag – Kopieren verboten!

A3 Der Grundstückskaufvertrag

3.4 Übergabe des Grundstücks

3.4.1

INFO

> **Besitz und Eigentum**
>
> Der Besitz ist die tatsächliche Sachherrschaft einer Sache, während das Eigentum die rechtliche Herrschaft über eine Sache darstellt. Ein typisches Beispiel, bei dem Besitzer und Eigentümer nicht dieselbe Person sind, kennen Sie aus dem Mietvertrag: Der Mieter ist Besitzer der Sache, der Vermieter ist der Eigentümer.
>
> Beim Grundstückskaufvertrag geht das Eigentum erst mit der Eintragung ins Grundbuch auf den Käufer über. Wie ist es jedoch mit dem Besitz?

Besitzübergang = Übergang von Nutzen und Lasten

Den Besitzübergang bezeichnet man beim Grundstückskaufvertrag auch als Übergang von Nutzen und Lasten. Übergang von Nutzen bedeutet: Dem Käufer stehen die Einnahmen aus dem Grundstück zu, wie zum Beispiel Mieten und Pachten. Übergang von Lasten bedeutet: Der Käufer muss beispielsweise Steuern und Abgaben bezahlen.

Der Übergang von Nutzen und Lasten erfolgt in der Regel nicht gleichzeitig mit dem Eigentumsübergang. Der Besitzübergang wird in der Regel im Vertrag taggenau festgelegt. Dies hat folgenden Grund: Häufig dauert es Wochen oder gar Monate, bis eine Umschreibung des Grundbuchs erfolgt; darauf haben weder Käufer noch Verkäufer einen Einfluss. Dies führt aber zu einer Kalkulationsunsicherheit für beide. Wie lange kann der Verkäufer noch mit den Einnahmen rechnen, ab wann der Käufer?

3.4.2

zu a) 09.10.20xx

zu b) 09.10.20xx

Die Übergabe des Besitzes sollte am 1. Oktober 20xx erfolgen, allerdings hätte dafür der Kaufpreis am 1. Oktober bereits vollständig bezahlt sein müssen. Dies war nicht der Fall. Der Kaufpreis ist erst am 9. Oktober 20xx auf dem Notaranderkonto eingegangen. Daher ist der Tag der Übergabe gemäß Vereinbarung im Kaufvertrag auf diesen Tag verzögert worden.

Die Mieteinnahmen aus dem Objekt stehen dem neuen Eigentümer ab dem Tag der Übergabe zu. Ebenso trägt der neue Eigentümer ab diesem Zeitpunkt das Risiko des zufälligen Untergangs des Objektes.

Der Grundstückskaufvertrag

A3

3.5 Andere Arten des Grundstückserwerbs

3.5.1 Schenkungsvertrag

3.5.1.1

Der Schenkungsvertrag ist ein Vertrag mit zwei übereinstimmenden Willenserklärungen; es handelt sich um ein zweiseitiges Rechtsgeschäft. Wenn die Schenkung vom Beschenkten nicht angenommen wird, kommt der Vertrag nicht zustande.

3.5.1.2

Auch die Schenkung eines Grundstückes bedarf der notariell beurkundeten Auflassung und der Eintragung im Grundbuch.

3.5.1.3

Lösung **3.** ist **richtig**.

Steuern bei Schenkung eines Grundstücks

Gemäß § 3 Nr. 2 Grunderwerbsteuergesetz (GrEStG) fällt für „Grundstücksschenkungen unter Lebenden im Sinne des Erbschaftssteuer- und Schenkungsgesetzes" keine Grunderwerbssteuer an. Allerdings fällt für Schenkungen eine Schenkungsteuer an.

3.5.2 Zwangsversteigerung

3.5.2.1

Mit der Erteilung des Zuschlags geht das Eigentum – also anders als beim Grundstückskauf! – auf den Ersteher über. Dieser erlangt die Eigentümerstellung also sofort und nicht erst mit der Eintragung ins Grundbuch.

Im Grundbuch wird der Ersteher allerdings erst dann als Eigentümer eingetragen, wenn er die Grunderwerbsteuer bezahlt hat und die so genannte Unbedenklichkeitsbescheinigung des Finanzamtes vorlegen kann. Ferner muss er dazu sein Höchstgebot, also den Kaufpreis, auch tatsächlich bezahlt haben.

3.5.2.2

Die Sicherheitsleistung kann beim Amtsgericht am Tage der Zwangsversteigerung als bestätigter Scheck der Landeszentralbank oder der Bundesbank, aber auch als selbstschuldnerische Bürgschaft mit Bestätigung der Bundes- oder Landeszentralbank geleistet werden.

©U-Form Verlag – Kopieren verboten!

A3 Der Grundstückskaufvertrag

3.5.2.3

Die Grunderwerbsteuer ist, ebenso wie beim käuflichen Erwerb von Grundstücken, auch im Falle der Zwangsversteigerung fällig. Erst wenn sie bezahlt ist, erteilt das Finanzamt die so genannte Unbedenklichkeitsbescheinigung. Dann kann die Eintragung des neuen Eigentümers ins Grundbuch erfolgen.

Bei Erbschaft und Schenkung hingegen fällt keine Grunderwerbsteuer an, dafür jedoch – unter Berücksichtigung von Freibeträgen – die Erbschafts- bzw. Schenkungssteuer.

Herr Karstens erhält vom FA die Zahlungsaufforderung zur Begleichung der Grunderwerbssteuer. Der Festsetzungsbetrag bezieht sich auf den Zuschlagsbeschluss, hier 620.000,00 €.

3.5.2.4.1

Die **Rangstelle III/1** mit einer getilgten Grundschuld bleibt als Rangstelle bestehen und kann vom Erwerber übernommen werden, oder er stellt den Antrag zur Löschung der Grundschuld beim Gläubiger Tettenborn Bank.

Die **Rangstelle III/2** der Deutschen Bank, Gläubiger und Betreiber der Versteigerung, wird befriedigt.

Erlös 100.000,00 € – 40.000,00 € verbleiben 60.000,00 €;
von den 60.000,00 € gebührt der Bausparkasse 20.000,00 € ihres Grundpfandrechts.
Die Bausparkasse erhält also ebenfalls die volle Summe als Erlös.

Die **eingetragene Hypothek** zu Gunsten der Sparkasse Hannover mit 10.000,00 € kann noch bedient werden.

Es verbleiben dem Vollstreckungsschuldner (= Eigentümer des Grundstückes) noch 30.000,00 €, welche das Amtsgericht überweisen wird.

Erlös 100.000,00 €

–	40,000,00 €	für die Deutsche Bank
–	20,000,00 €	für die Bausparkasse
–	10.000,00 €	für Sparkasse Hannover
=	30.000,00 €	Resterlös für den Vollstreckungsschuldner

3.5.2.4.2

Hinsichtlich der Rechtsstellung der Bausparkasse ist zu berücksichtigen, dass die Versteigerung aus dem vorhergehenden Grundpfandrecht (Rang 2) betrieben worden ist. Die Grundschuld der Bausparkasse stand im nachfolgenden Rang 3. Damit ist die Grundschuld <u>nicht</u> vom geringsten Gebot erfasst. Das hat zur Folge, dass die Grundschuld nicht bestehen bleibt, sie ist gemäß § 91 Abs.1 ZVG erloschen.

Die Grundschuld der Deutschen Bank kann auf Antrag und Bewilligung zur Löschung gebracht werden.

Der Grundstückskaufvertrag	**A3**

3.5.2.5.1

Bodenwertberechnung: 1.642 m² x 8,50 € = 13.957,00 €

BGF x NHK 2010 484 m² x 700,00 €	=	338.800,00 €
x Baupreisindex 1.081 x 338.800,00 €	=	366.242,80 €
- AfA 44 % Wertminderung inf. Alter	=	- 161.146,83 €
= Gebäudezeitwert	=	205.095,97 €
+ 4 % Zuschlag für sonstige Anlagen	=	8.203,84 €
+ Außenanlagen pauschal	=	15.000,00 €
		228.299,81 €
+ Bodenwert	=	13.957,00 €
akt. Sachwert	=	242.256,81 €

3.5.2.5.2

Der errechnete Wert aus dem Versteigerungsgutachten ist um 48.029,29 € zu hoch.

Eine Marktanpassung ist hier nicht gegeben, da das Lagergebäude in einem Industriegebiet liegt.

Herr Wagner sollte sich mit dem überprüften Gutachten an das Amtsgericht, den Rechtspfleger, wenden.

3.5.2.5.3

Da die Zwangsversteigerung mit 5/10 oder 7/10 des Verkehrswertes angesetzt werden kann, ist der Ausgangswert unrichtig.

Der Gläubiger müsste begründen, weshalb er in der o. g. Höhe eine „Marktanpassung" vorgenommen hat.

3.5.3 Erbfolge

3.5.3.1

Herr Paul-Michael Wagner tritt sofort nach dem Tod des Vaters, als Sohn des Eigentümers, die gesetzliche Erbfolge an, allerdings muss ein Erbschein vorliegen. Dann findet hier ein Eigentumserwerb kraft Gesetzes statt.

3.5.3.2

Herr Paul-Michael Wagner muss mit der Sterbeurkunde zum Nachlassgericht gehen und einen Erbschein beantragen.

Das Nachlassgericht prüft, ob es noch weitere Anspruchsberechtigte gibt. Ist dies nicht der Fall, wird das Nachlassgericht den Erbschein ausstellen.

Herr Wagner beantragt beim zuständigen Amtsgericht die Grundbuchumschreibung nach § 13 GBO. Nach Prüfung bewilligt das Grundbuchamt die Umschreibung. Das vorliegende Grundbuch wird berichtigt.

Sind mehrere Erben vorhanden, muss jeder Erbe die Grundbuchumschreibung beantragen.

©U-Form Verlag – Kopieren verboten!

| **A4** | **Das Grundbuch** |

4 Das Grundbuch

4.1 Funktion und Aufbau des Grundbuchs

4.1.1

Einsicht bei berechtigtem Interesse

Nach § 12 der Grundbuchordnung (GBO) wird die Einsicht nur demjenigen gestattet, der gegenüber dem Grundbuchamt ein berechtigtes Interesse darlegt.

Ein „berechtigtes Interesse" ist gegeben, wenn sachliche Gründe für die gewünschte Einsichtnahme vorgebracht werden können.

Ein Kaufinteressent, mit denen der Grundstückseigentümer/Makler bereits in Verhandlungen steht, besitzt ein berechtigtes Interesse.

Ein Notar kann grundsätzlich in das Grundbuch einsehen, ihm wird ein „berechtigtes Interesse" unterstellt. Das Grundbuchamt benötigt in den meisten Fällen keine Vollmacht vom Verkäufer, um in das Grundbuch einsehen zu können.

4.1.2.1

a) **Das Deckblatt** enthält:
  – das Grundbuchamt
  – das Amtsgericht Leipzig-Süd
  – den Grundbuchbezirk
  – die Art des Grundbuches (hier: Wohnungsgrundbuch für eine Wohneigentumswohnung; es könnte auch ein Grundbuch für Grund und Boden oder Teileigentum/Wohneigentum sowie nur ein Wohnungsgrundbuch sein.)

b) **Das Bestandsverzeichnis** enthält hier als Wohneigentumsgrundbuch die Inhalte:

- 95,5/1000 Miteigentumsanteile (MEA)

- Flurstück 390 g Blumenstraße 8 Gebäude und Freifläche sowie die Größe welche in Hektar, ar und m² ausgewiesen wird.

Bei Wohneigentum muss noch die Verbundenheit mit dem Gemeinschaftseigentum gemäß Aufteilungsplan (hier: Abstellkammer, Keller nach Aufteilungsplan Nr. 4) vermerkt werden.

Des Weiteren sind vermerkt, wie viele Wohneigentumsgrundbücher für das Wohneigentum entstanden sind (hier Blatt 781 – 790)

Die zu verkaufende Wohnung hat die Blattnummer 784.

Die Veräußerungsbeschränkung besagt, dass der Verkäufer die Wohnung mit dem entsprechenden MEA nicht ohne Zustimmung des Verwalters veräußern darf.

Weiterhin sind eingetragen, Hinweise auf Nachtragungen aus der Teilungserklärung mit der entsprechenden Urkundennummer.

Bei einem Verkauf sollten alle Nachtragungen der Teilungserklärung beigefügt werden.

Der Übertrag vom Blatt 575 ist vermerkt und das Datum der Eintragung (hier: 06.01.1998) sowie die Unterschrift.

Das Grundbuch	**A4**

c) In der **Ersten Abteilung** des Wohnungsgrundbuches, auch in jedem anderen Grundbuch, wird der Eigentümer eingetragen, der Grund der Eintragung und die Auflassung.

Hier

Lfd. Nr. 1   Müller, Doris geb. 26.01.1957 in Hamburg

Grund der Eintragung:
Gründung von Wohneigentum nach Teilungserklärung § 8 WEG, eingetragen am 06.01.1998

Aus dieser Eintragung ist zu ersehen, dass Frau Müller das Wohnhaus am 06.01.1998 in Wohneigentum umgewandelt hat.

Lfd. Nr. 2   Scherzer, Julia geb. 26.03.1965 in Leipzig
Grund der Eintragung: Auflassung vom 18.09.1998, eingetragen am 27.01.1999

d) In der **Zweiten Abteilung** werden Lasten und Beschränkungen eingetragen

Lasten und Beschränkungen können sein:

– Grunddienstbarkeiten, z. B. Wegerecht
– Reallast, z. B. für den Erbbauzins
– Nießbrauch, z. B. Gartennutzung
– Baulasten, z. B. Leitungsrecht
– pers. Grunddienstbarkeiten, z. B. Wohnrecht sowie die Auflassungsvormerkung

Hier

Lfd. Nr. 1   Auflassungsvormerkung (Beschränkung) wurde nach Eintragung der Auflassung vom 27.01.1999 in Abt. I gelöscht, eingetragen am 19.01.1998.
Weitere Lasten und Beschränkungen bestehen nicht.

e) und f)   Die **Dritte Abteilung** des Grundbuches enthält Eintragungen über Hypotheken, Grundschulden und Rentenschulden.

Hier

Gelöscht wurden die Grundschulden und Mitheftblätter von Gohlis-Süd 781–786

Lfd. Nr. der Eintragung

1	405.000,00 DM	
2	500.000,00 DM	eingetragen am 30.06.1998
3	560.000,00 DM	gelöscht am 27.01.1999
4	610.000,00 DM	

Weiterhin wurde gelöscht, die Mithaftung aus Grundbuchblatt 788 des Amtsbezirkes Leipzig Gohlis-Süd. Die Beträge entsprechen den Grundschulden der Lfd. Nr. 1–4, Gesamthöhe 2.075.000,00 DM.

Die Löschungen wurden in der Veränderungsspalte und Löschungsspalte des Grundbuches Abt. III vorgenommen.

Die Grundschuld, Lfd. Nr. 5, besteht noch in Höhe von 239.000,00 DM für die Landeskreditbank Baden-Württemberg in Karlsruhe.

In der Spalte Veränderungen und Löschungen erfolgte am 19.04.2007 eine Umstellung der 239.000,00 DM auf Euro. Der Euro-Betrag ist für die offene Grundschuld jetzt 122.198,76 €.

Die Grundschuld in Höhe von 122.198,76 € nebst Zinsen Lfd. Nr. 5 wurde zu Gunsten der Deutschen Bank, Privat und Geschäftskunden Aktiengesellschaft Filiale Deutschlandgeschäft Frankfurt am Main am 19.04.2007 eingetragen.

Bei der Eintragung der Grundschuld hat sich die Bank ihren vor Abt. II Lfd. Nr. 1 (Auflassungsvormerkung) sichern lassen, da dieser Vermerk unterstrichen ist, ist erkennbar, dass er zusammen mit der Auflassungsvormerkung gelöscht wurde.

©U-Form Verlag – Kopieren verboten!

A4 Das Grundbuch

4.1.2.2

Nein, Frau Kleidermann muss im Kaufvertrag vereinbaren lassen, dass die bestehende Grundschuld nebst Zinsen der Deutschen Bank gelöscht werden soll.

Dazu wird der Notar im Kaufvertrag festlegen, dass die Tilgung der Grundschuld nebst Zinsen mit dem Kaufpreis zu verrechnen ist.

Der gesamte Kaufpreis wird auf das Konto der Deutschen Bank durch den Käufer oder Notar (bei Notaranderkonto) überwiesen.

Nach Verrechnung der Schulden zahlt die Deutsche Bank an den Verkäufer den Restbetrag aus.

Der Eigentümer stellt beim Grundbuchamt den Antrag zur Löschung der Grundschuld. Die Löschungsbewilligung der Eigentümer vom Gläubiger. Nach erfolgter Löschung ist das Grundbuch lastenfrei. Die Kosten trägt der Eigentümer.

4.1.2.3

Bei einer Rentenschuld ist das Grundstück das Pfand für beispielsweise eine Leibrente. Rentenschulden kommen heute in der Praxis so gut wie nicht mehr vor. (Vgl. § 1199 ff BGB)

4.1.3

Im Folgenden finden Sie zahlreiche Beispiele für typische Grundbucheintragungen mit kurzer Erläuterung und der Angabe, in welchem Teil des Grundbuchs diese Eintragungen erfolgen.

a) „Aufgelassen am 26. September 1985 und eingetragen am 11. November 1985."
In Abteilung I wird neben dem Eigentümer die Grundlage für den Eigentumserwerb eingetragen. In diesem Fall ist die Auflassung diese Grundlage. | 3

b) „Dem Recht Abteilung III/3 ist der Vorrang vor dem Recht Abteilung III/1 eingeräumt."
Einem Recht in Abteilung III wird der Vorrang eines anderen Rechts in dieser Abteilung eingeräumt. Deswegen steht auch diese Angabe zum Rangverhältnis in Abteilung III. | 5

c) „Die Zwangsversteigerung ist angeordnet."
Die Anordnung der Zwangsversteigerung wird in Abteilung II eingetragen. | 4

d) „Zuschlagsbeschluss des Amtsgerichts Celle vom 23. März 1999, eingetragen am 15. Mai 1999." Wenn nach Abschluss der Zwangsversteigerung der Zuschlag erfolgt ist, so wird der neue Eigentümer eingetragen – in Abteilung I. Daneben wird immer die Grundlage für den Eigentumserwerb angegeben, das ist hier der Zuschlag in der Zwangsversteigerung. | 3

e) „Amtsgericht Celle, Grundbuch von Wietze, Band 13, Blatt 128"
Dies ist die Aufschrift (Deckblatt) eines Grundbuchs. | 1

f) „Gebäude- und Freifläche, Winsener Straße 22-26"
Im Bestandsverzeichnis werden unter anderem die Wirtschaftsart (Nutzungsart) und die Lage (Anschrift) des Grundstücks angegeben. | 2

g) „Ackerland und Wiese, 2 ha, 14 a, 20 qm"
Die Größe des Grundstücks wird neben der Wirtschaftsart ebenfalls im Bestandsverzeichnis angegeben. | 2

58   ©U-Form Verlag – Kopieren verboten!

Das Grundbuch

A4

Fortsetzung 4.1.3

h) „Lebenslanges Wohnrecht für die Landwirtin Liselotte Müller-Lonshagen unter Bezugnahme auf die Bewilligung vom 12. März 2001, eingetragen am 1. April 2001."
Die Eintragung eines Wohnrechts für eine bestimmte Person ist eine beschränkt persönliche Dienstbarkeit und wird in Abteilung II des Grundbuchs eingetragen.

4

i) „Löschungsvormerkung für den jeweiligen Gläubiger des Rechts Abteilung III Nr. 4 unter Bezugnahme auf die Bewilligung vom 13. Mai 2001, eingetragen am 24. Juni 2001."
Ebenso wie die Eintragung eines Grundpfandrechts werden auch Löschungsvormerkungen bzw. die Löschung des Pfandrechts in Abteilung III eingetragen.

5

j) „Zweihundertfünfzigtausend Euro fällige Grundschuld mit achtzehn vom Hundert jährlich verzinslich für die Volksbank Celler Land eG. Der jeweilige Eigentümer ist der sofortigen Zwangsvollstreckung unterworfen." Hier handelt es sich um einen typischen Text für die Eintragung einer Grundschuld, also eines Grundpfandrechts. Grundpfandrechte werden in Abteilung III eingetragen.

5

k) „Recht für die Stadtwerke Hannover zum Verlegen und Unterhalten von Stromversorgungsleitungen unter Bezugnahme auf die Bewilligung vom 1. April 2001, eingetragen am 24. April 2001."
Das Leitungsrecht ist zugunsten einer bestimmten Person, hier einer juristischen Person, eingetragen; es handelt sich also um eine beschränkt persönliche Dienstbarkeit, die in Abteilung II des Grundbuchs eingetragen wird.

4

l) „Vormerkung zur Sicherung des Anspruchs auf Eigentumsübertragung zugunsten des Kaufmanns Werner Vogel."
Dies ist die Eintragung einer Auflassungsvormerkung zur Sicherung des Anspruchs auf Eigentumsübertragung; Vormerkungen werden in Abteilung II eingetragen.

4

m) „Zuschreibung des Flurstücks Nr. 122/6 zu Flur Nr. 12."
Die Zuschreibung eines Flurstücks wird im Bestandsverzeichnis des Grundbuchs eingetragen.

2

n) „Dem Landwirt Maximilian Wickert sind aus dem Grundstück monatlich 650 Euro zu zahlen." Hier ist eine Reallast eingetragen; Reallasten gehören zu den Lasten der Abteilung II.

4

o) „Vormerkung für die Eintragung einer Zwangssicherungshypothek."
Eine Vormerkung für die Eintragung eines Grundpfandrechts, hier eine besondere Form der Hypothek, wird in Abteilung III eingetragen.

5

p) „Widerspruch gegen die Eintragung des Eigentums des Kaufmanns Ernst Gustavson zugunsten des Fritz Brüggemann." Widersprüche werden in Abteilung II eingetragen.

4

q) „Dem jeweiligen Grundstückseigentümer ist es untersagt, auf dem Grundstück ein Hotel oder eine Pension oder eine Gaststätte zu errichten oder zu betreiben."
Hier ist eine Grunddienstbarkeit eingetragen, die nicht einen bestimmten, sondern den jeweiligen Eigentümer des Grundstücks betrifft. Grunddienstbarkeiten stehen in Abteilung II des Grundbuchs.

4

r) „Aufgrund des Erbscheins des Amtsgerichts in Burgwedel vom 22. März 2000, eingetragen am 18. April 2000."
Hier wird aufgrund eines Erbfalls ein neuer Eigentümer ins Grundbuch eingetragen, nebst der Grundlage für den Eigentumserwerb. Grundlage ist hier die Vorlage des Erbscheins. Die Eintragung des Eigentümers erfolgt in Abteilung I, zusammen mit der Grundlage für den Eigentumserwerb.

3

©U-Form Verlag – Kopieren verboten!

A4	Das Grundbuch

4.2 Grundsätze des Grundbuchverfahrens: Eintragungen und Löschungen

4.2.1

Antragsgrundsatz

Gemäß § 13 Absatz 1 Satz 1 der Grundbuchordnung (GBO) wird das Grundbuchamt nicht von Amts wegen, sondern nur auf Antrag tätig:

Das bedeutet, dass wenn ein Grundbuch unrichtig wird, zum Beispiel durch den Tod des (bisherigen) Eigentümers, dann muss vom Erben erst ein Antrag auf Umschreibung des Grundbuchs gestellt werden, damit eine Berichtigung erfolgt.

Ebenso erfolgt beim Grundstücksverkauf die Eintragung des neuen Eigentümers nur auf Antrag.

Bewilligungsgrundsatz

Bewilligungsgrundsatz bedeutet, dass derjenige, dessen Recht von der Eintragung betroffen wird (zum Beispiel der Verkäufer beim Eigentumswechsel, der Eigentümer bei Eintragungen in die Abteilungen II und III oder der Gläubiger bei der Löschung von Grundpfandrechten), die Eintragung bewilligen muss.

Dies regelt § 19 GBO.

4.2.2

Antragsberechtigt sind sowohl derjenige, dessen Recht von der Eintragung betroffen ist sowie derjenige, zu dessen Gunsten die Eintragung erfolgt (§ 13 Absatz 1, Satz 2 GBO).

Der Notar, der das zugrunde liegende Rechtsgeschäft beurkundet hat, ist immer antragsberechtigt. Er muss nicht erst nachweisen, dass er hierzu von einem Mandanten bevollmächtigt worden ist.

4.2.3

Um zu verhindern, dass Nichtberechtigte ins Grundbuch eingetragen werden, darf eine Eintragung nur erfolgen, wenn dem Grundbuchamt eine Eintragungsbewilligung desjenigen vorgelegt wird, dessen Recht von der Eintragung betroffen wird. Das ist derjenige, der durch die Eintragung ungünstiger dasteht als vorher.

Die Eintragungsbewilligung muss laut § 29 Absatz 1 GBO in Form einer öffentlichen Urkunde oder einer öffentlich beglaubigten Urkunde vorgelegt werden.

Fortsetzung auf der nächsten Seite

Das Grundbuch A4

4.2.4

Wenn eine Eintragung vom Grundbuchamt nicht vollzogen werden kann, weil zum Beispiel die Eintragungsunterlagen unvollständig sind oder ein Formfehler vorliegt, so gibt es für das Grundbuchamt gemäß § 18 GBO zwei Möglichkeiten:
- eine Zwischenverfügung
- eine Zurückweisung des Antrags.

Dazu kann es beispielsweise kommen, wenn eine Auflassung nur beglaubigt, aber nicht beurkundet worden ist (Formfehler), wenn die Unbedenklichkeitsbescheinigung vom Finanzamt nicht beigefügt ist oder die Grundbuchkosten noch nicht bezahlt sind. Nur wenn es sich um offensichtlich nicht heilbare Eintragungshindernisse handelt, wird der Antrag zurückgewiesen. In der Regel erfolgt eine sogenannte Zwischenverfügung.

INFO

Zwischenverfügung

Bei der Zwischenverfügung wird dem Antragsteller vom Grundbuchamt eine Frist gesetzt, das Eintragungshindernis zu beheben, also zum Beispiel die Auflassung notariell beurkunden zu lassen, die Unbedenklichkeitsbescheinigung des Finanzamtes nachzuliefern oder die Grundbuchkosten zu bezahlen. Damit ist der Antrag vom Grundbuchamt noch nicht erledigt, sondern nur aufgeschoben.

Sehr wichtig ist, dass im Rahmen der gesetzten Frist die Antragsreihenfolge beibehalten wird. Das heißt, ein später gestellter Antrag darf erst nach der Erledigung dieses Antrags bearbeitet werden.

Wenn die Frist abgelaufen und das Eintragungshindernis nicht beseitigt worden ist, so wird der Antrag zurückgewiesen.

Zurückweisung des Antrags

Wird ein Antrag zurückgewiesen, so ist er für das Grundbuchamt erledigt. Der Antragsberechtigte muss gegebenenfalls einen neuen Antrag stellen. Sollten in der Zwischenzeit andere Eintragungen beantragt worden sein, so wird sein Antrag nun erst nach der Erledigung der zuvor eingereichten Anträge bearbeitet.

Erledigung des Antrags

Erledigt ist ein Antrag, wenn
- die Eintragung ins Grundbuch erfolgt ist,
- der Antrag zurückgenommen worden ist oder
- durch Zurückweisung des Antrags gemäß § 18 GBO.

A4	Das Grundbuch

4.3 Öffentlicher Glaube und gutgläubiger Erwerb

4.3.1

Der Erwerber kann sich auf die Richtigkeit des Grundbuches verlassen, wenn ihm eine Unrichtigkeit nicht bekannt ist und auch kein Widerspruch eingetragen ist.

Öffentlicher Glaube des Grundbuchs

Das Grundbuch hat die Funktion, den Einsichtnehmenden Gewissheit über die rechtlichen Verhältnisse an den Grundstücken zu vermitteln. Jeder kann sich auf den Inhalt des Grundbuchs verlassen, es sei denn, er weiß um die Unrichtigkeit einer Eintragung.

Das bedeutet nach § 891 BGB, der Rechtsschein ersetzt das Recht!

Allerdings gilt der öffentliche Glaube nur zugunsten des gutgläubigen Erwerbers von Rechten, die im Grundbuch eingetragen sind.

Ist ein Widerspruch eingetragen oder der Notar macht vor Kaufvertragsunterzeichnung auf eine Unrichtigkeit aufmerksam, dann kann der Erwerber die Rechte im Grundbuch nicht mehr gutgläubig erwerben.

4.3.2

Der öffentliche Glaube erstreckt sich nicht auf die tatsächlichen Angaben zur Wirtschaftsart, Lage, Bebauung und Größe des Grundstücks. Wenn ein Erwerber beispielsweise ein Grundstück gekauft hat, das im Grundbuch mit 4.221 m² angegeben ist und bei welchem sich bei Neuvermessung herausstellt, dass es nur eine Größe von 4.202 m² besitzt, dann hat der Erwerber natürlich nur dieses kleinere Grundstück erworben.

Ebenso verhält es sich mit den Angaben zu persönlichen Verhältnissen des Verfügenden (beispielsweise dessen Geburtsdatum, Familienstand, Beruf oder Wohnort).

Die Zuschreibung eines Flurstücks hingegen ist eine rechtliche und keine tatsächliche Angabe und wird damit vom öffentlichen Glauben geschützt.

4.3.3

Die Eintragung einer Auflassungsvormerkung wird im Kaufvertrag vereinbart.

Sie ist meist gebunden an die Zahlung des Kaufpreises oder Teilzahlungen.

Der Notar wird vom Käufer informiert, dass der Kaufpreis geflossen ist. Mit dieser Information kann der Notar beim Grundbuchamt den Antrag zur Eintragung der Auflassungsvormerkung stellen.

Das Grundbuchamt prüft und bewilligt die Auflassungsvormerkung.

Am 20.05.20… wird die Auflassungsvormerkung in Abt. II des Grundbuches eingetragen.

Diese Eintragung schützt den Verkäufer und Käufer dahingehend, dass der Verkäufer das Grundstück nicht zweimal verkauft und dass der Käufer den Kaufpreis zahlt.

Eine Auflassungsvormerkung sperrt das Grundbuch für weitere Eintragungen.

| Erbbaurecht | **A5** |

5 Erbbaurecht

5.1

Das Erbbaurecht ist das veräußerliche und vererbliche Recht, ein Bauwerk auf fremdem Grund und Boden zu errichten. Es ist geregelt im Erbbaurechtsgesetz (ErbbauRG §1 und § 5). Bezüglich der Veräußerung oder Belastung des Erbbaurechts kann vereinbart werden, dass der Grundstückseigentümer der Veräußerung bzw. der Belastung zustimmen muss (§ 5 ErbbauRG).

Ein Erbbauvertrag muss notariell beurkundet werden und wird auf Antrag und Bewilligung des Grundbuchamtes im Grundbuch ausschließlich an 1. Rangstelle eingetragen.

Der Rang kann auch nicht geändert werden, damit ist gesichert, dass das Erbbaurecht bei einer Zwangsversteigerung nicht untergeht.

5.2

Das Erbbaurecht wird in zwei Grundbüchern eingetragen, zum einen im Grundbuch des Grundstückes (belastetes Grundstück) und zum anderen im Erbbaugrundbuch.

Erbbaugrundbuch

Als grundstücksgleiches Recht – es wird so behandelt wie ein Grundstück – erhält das Erbbaurecht ein eigenes Grundbuchblatt: das Erbbaugrundbuch.

Anders als beim Wohnungseigentum (ebenfalls ein grundstücksgleiches Recht) wird das Grundbuchblatt des Grundstücks jedoch nicht geschlossen, da das Grundstück ja einen anderen Eigentümer hat. Das Erbbaugrundbuch und das Grundbuch des Grundstücks werden also parallel geführt.

<u>Im Erbbaugrundbuch werden eingetragen:</u>

Im Bestandsverzeichnis:	das Erbbaurecht
In Abteilung I:	der Erbbauberechtigte
In Abteilung II:	die Erbbauzinsreallast und gegebenenfalls eine Vormerkung zur Sicherung des Anspruchs auf Erhöhung des Erbbauzinses
In Abteilung III:	Grundpfandrechte des Erbbaurechts, z. B. Grundschulden oder Hypotheken

Grundbuch des Grundstücks

<u>Im Grundbuch des Grundstücks werden eingetragen:</u>

In Abteilung I:	der Erbbaurechtsausgeber (Eigentümer des Grundstücks)
In Abteilung II:	das Erbbaurecht

§ 10 Absatz 1 Satz 1 ErbbauRG stellt sicher, dass ein Erbbaurecht nur im 1. Rang im Grundbuch eingetragen werden kann. Dadurch kann es nicht zu einem Ausfall des Erbbaurechts kommen, wenn das Grundstück zwangsversteigert werden sollte. Ein Ersteher in der Zwangsversteigerung kann das Grundstück also nur mit Eintragung des Erbbaurechts erwerben.

©U-Form Verlag – Kopieren verboten!

A5 Erbbaurecht

5.3

Vorteile für den Erbbaurechtsnehmer	Nachteile für den Erbbaurechtsnehmer
1. Der Erbbaurechtsnehmer braucht keine finanziellen Mittel aufwenden für den Kauf von Grund und Boden.	1. In der Laufzeit des Erbbaurechts zahlt der Erbbaurechtsnehmer mehr Geld an den Erbbaurechtsgeber als der Grund und Boden gekostet hat.
2. Das Erbbaurecht kann bis zu 99 Jahren vergeben werden.	2. Der Erbbaurechtsnehmer muss innerhalb von 3 Jahren ein Bauwerk auf dem Grund/Boden errichten, nach den Festlegungen, welche im Erbbauvertrag festgelegt sind.
3. Das Erbbaurecht kann veräußert, belastet und vererbt werden.	3. Der Erbbauzins kann an den Verbraucherindex jährlich, bei Vereinbarung angepasst werden.
4. Der Erbbauzins ist meist niedriger als die Zinsen für Darlehen bei der Bank.	4. Wenn der Erbbaurechtsnehmer seine Pflichten verletzt, tritt der Heimfall ein.
5. Das Erbbaurecht erhält ein eigenes Grundbuch.	5. Der Erbbaurechtsnehmer benötigt für Veränderungen am Bauwerk bzw. Grund und Boden immer die Zustimmung des Eigentümers.
6. Der Inhaber des Erbbaurechts hat eine fast gleiche Stellung wie ein „richtiger" Grundstückseigentümer.	6. Während der Laufzeit ist keine Kündigung des Erbbaurechts möglich.
	7. Das Bauwerk lässt sich schlechter verkaufen und erzielt schlechtere Preise am Markt. Es muss der Grundstückseigentümer seine Zustimmung geben, welche an sein Vorkaufsrecht gebunden ist.

Vorteile für den Erbbaurechtsgeber	Nachteile für den Erbbaurechtsgeber
1. Der Erbbaurechtsgeber erhält eine Wertsteigerung seines Grundstückes.	1. Der Erbbaurechtsgeber kann den Erbbauvertrag nicht kündigen.
2. Geldeinnahme für den Erbbaurechtsgeber mit Steigerungsklausel, die im Erbbauvertrag vereinbart wird.	2. Wird im Erbbauvertrag keine Wertsicherungsvereinbarung getroffen, kann keine Erhöhung des Erbbauzinses erfolgen.
3. Bei einem Heimfall erhält der Erbbaurechtsgeber ein fertiges Bauwerk zusätzlich zu Grund/Boden.	3. Bei einem Heimfall muss der Erbbaurechtsgeber für das Bauwerk eine Entschädigung zahlen. Sie beträgt 2/3 des Verkehrswertes abzüglich Schulden.
4. Das Grundstück wird erschlossen und somit erreicht es die „Güte" eines baureifen Landes.	4. Der Erbbaurechtsgeber ist zwar Eigentümer des Grundstückes, ist aber von der Nutzung ausgeschlossen.
5. Der Erbbaurechtsgeber trägt im Grundbuch des Erbbaurechtsnehmers eine Reallast ein.	

Erbbaurecht

A5

5.4

Der Erbbauzins richtet sich nach den Kapitalzinsen am Markt. In der Regel beträgt er 4 % bis 6 % des Grundstückswertes.

Der Erbbauzins ist jährlich zu zahlen, es können auch andere Zahlungsvereinbarungen getroffen werden.

Sinken die Zinsen am Kapitalmarkt, sinkt der Erbbauzins nicht gleichermaßen.

In der Regel wird der Erbbaurechtsgeber den Erbbauzins als Reallast im Erbbaugrundbuch des Erbbaurechtsnehmers Abt. II eintragen lassen. Damit sichert sich der Erbbaurechtsgeber bei einem „Heimfall" den Anspruch ohne Klageverfahren (Zahlungsklage).

5.5

Vor Inkrafttreten des Sachenrechtsänderungsgesetzes am 01.10.1994 musste der dingliche Erbbauzins für die ganze Laufzeit des Erbbaurechts im Voraus bestimmt werden.

Eine Erhöhung war nur über eine schuldrechtliche Wertsicherungsvereinbarung möglich.

Nach dem 01.10.1994 kann die Anpassungsklausel zum dinglichen Erbbauzins im Erbbauvertrag gleichfalls vereinbart werden. Es ist möglich, den Erbbauzins bei einem Kaufkraftschwund von mehr als 60 % wegen Wegfalls der Geschäftslage anzupassen.

Die Anpassung erfolgt nach Verbraucherindex, Diskontsatz der Bundesbank oder dem sog. Warenkorb des statistischen Bundesamtes. Nach welchem der genannten „Sätze" der Erbbaurechtsgeber anpassen möchte, muss er vereinbaren.

Der Erbbauzins kann erstmals angepasst werden nach 3 Jahren des Vertragsabschlusses.

Lesen Sie dazu auch § 9a ErbbauRG.

5.6

Der große Nachteil des Erbbaurechts ist der sog. Heimfall. Darunter versteht man, dass das Grundstück und die darauf errichteten Bauwerke an den Eigentümer „anheim" fallen.

Gründe sind:
- der Erbbaurechtsnehmer schuldet dem Erbbaurechtsgeber zwei Jahre des Erbbauzinses
- das errichtete Bauwerk entspricht nicht den vertraglich festgelegten Grundsätzen
- der Erbbaurechtsnehmer verändert das Bauwerk oder nimmt Veränderungen am Grundstück vor, ohne den Erbbaurechtsgeber zu fragen
- der Erbbaurechtsnehmer errichtet das Bauwerk nicht fristgemäß oder zweckentfremdet

©U-Form Verlag – Kopieren verboten!

| **A6** | **Fallbeispiel: Erwerb, Veräußerung und Vermittlung von Immobilien** |

6   Fallbeispiel: Erwerb, Veräußerung und Vermittlung von Immobilien

6.1.1

- Kauf
- Schenkung
- Tausch
- Zuschlag in der Zwangsversteigerung

- Erbfolge
- Ehevertrag
- Enteignung

6.1.2

zu a)

Auflassung ist die notariell beurkundete Einigung von Veräußerer und Erwerber über die Übertragung des Eigentums an einem Grundstück.

Die Auflassung kann erst notariell beurkundet werden, wenn der Käufer den Kaufpreis vollständig bezahlt hat und beim Finanzamt die Grunderwerbssteuer entrichtet wurde.

Wenn der Käufer die Grunderwerbssteuer gezahlt hat und keine weiteren Steuerschulden hat, erhält er die steuerliche Unbedenklichkeitserklärung vom Finanzamt. Diese wird dem Notar übergeben.

Der Notar beurkundet die Auflassung und stellt beim Grundbuchamt den Antrag auf Eintragung der Auflassung und Bewilligung der Grundbuchumschreibung. Das Grundbuchamt prüft die Auflassung und trägt den Käufer als Eigentümer in das Grundbuch ein.

zu b)

Auflassung   => Eintragung in Abteilung I
Auflassungsvormerkung   => Eintragung in Abteilung II

6.1.3

- Grunddienstbarkeit
- beschränkt persönliche Dienstbarkeit
- Nießbrauchsrecht

- Reallast
- Vorkaufsrecht

6.1.4

zu a)

Nießbrauch bedeutet, dass der Berechtigte (der Nießbraucher) allen Nutzen aus einem Grundstück ziehen darf. Der Berechtigte erhält Miet- oder Pachtzahlungen, im Falle der eigenen Nutzung darf er die Früchte behalten usw. Der Eigentümer kann also keinen Anspruch auf eigene Nutzung geltend machen.

Der Nießbraucher darf zwar sämtlichen Nutzen aus dem Grundstück ziehen, er darf es jedoch nicht umgestalten oder wesentlich verändern. Insbesondere hat er auch die bisherige wirtschaftliche Bestimmung (z. B. einer Landwirtschaft oder einer Gaststätte) aufrechtzuerhalten.

Der Nießbraucher muss für die laufende Unterhaltung des Grundstücks und der Gebäude aufkommen und hat auch die damit anfallenden Kosten zu tragen. Zu den anfallenden Kosten gehören auch die öffentlichen Lasten, wie beispielsweise die Grundsteuer.

zu b)

Ein Nießbrauch kann auch an beweglichen Sachen, zum Beispiel an einem Auto, bestellt werden.

Fallbeispiel: Erwerb, Veräußerung und Vermittlung von Immobilien — A6

6.1.5

a) Der Bergschadensverzicht steht mit dinglicher Sicherung im Grundbuch Abt. II

Die dingliche Sicherung erfolgt durch Begründung einer Grunddienstbarkeit am Grundstück zugunsten der Bergbau Verwaltungsgesellschaft mbH.

Der Vollverzicht (wie hier eingetragen) beeinträchtigt den Wert des Grundstückes, mindert darüber hinaus nicht die Beleihungsgrenze, aber die Zinsen für den beantragten Kredit werden erheblich hoch liegen. (Sparkasse Leipzig z. B. 9,3 %)

Der Abschlag für die Wertminderung kann i.d.R. bis 10 % des Verkehrswertes betragen.

Durch den dinglich gesicherten Vollverzicht besteht für den Käufer kein Anspruch auf Bergschadenersatz.

Der Verkauf der ETW wird sich schwierig gestalten, Eigennutzer werden auf Grund der hohen Zinsen voraussichtlich nicht kaufen.

Als Renditeobjekt werden die ETW aber gut verkaufbar sein.

b) Bei einer Globalschuld handelt es sich um eine Grundschuld, welche auf verschiedene Eigentümer geschrieben wird.

Genutzt wird eine solche Globalschuld in der Regel von Bauträgern für größere Baumaßnahmen, wie hier für 10 Eigentumswohnungen.

Jede ETW haftet als Gesamtschuldner für die 4.000.000,00 € Baufinanzierungskredit. Sollte der Gläubiger die Raten nicht bezahlen können, so haftet der Eigentümer der Wohnung mit seinen Miteigentumsanteilen.

Die einzelnen Streichungen (Rötung im Grundbuch) sind durch die Freistellungserklärung der Bank des Bauträgers beim Grundbuchamt beantragt wurden, d. h.: Wenn Sie als Käufer der ETW den gesamten Kaufpreis an den Bauträger gezahlt haben, überweist dieser den Betrag an die kreditgebende Bank. Die ETW wird dann durch Antrag und Bewilligung des Grundbuchamtes von der Globalschuld freigestellt.

(Ausführliche Definition lesen Sie bitte im § 3 der MaBV nach.)

A6	Fallbeispiel: Erwerb, Veräußerung und Vermittlung von Immobilien

6.2 Maklergeschäft und Bewertung von Grundstücken

6.2.1

Der **zweite** Anzeigenentwurf entspricht **nicht** den gesetzlichen Vorschriften.

Es sind nachstehende Fehler im Entwurf enthalten:

- KWh/m²a fehlen

- Mietpreis darf nicht pro m²Wfl angegeben werden

- Heizungsart fehlt

- der Makler kann für seine eigenen Wohnungen keine Provision verlangen

- die Nennung Hubert Mensching und Tel. ist nicht richtig, es fehlt der Bezug zur Eigenvermietung

6.2.2

Anzeigen-Entwürfe

1.

> **Exklusiver Neubau im Musikviertel.** Eigentumswohnung direkt vom Eigentümer zu verkaufen, KfW Effizienthaus 70, 186 m², 5 Zimmer, Bad/IWC, sep.WC/Dusche, hohe Räume, Stuckdecken, Parkettböden, Kassettentüren, Lift, umlaufende Terrasse, Fußbodenheizung, Blick ins Grüne zum Park. Energieausweis in Bearbeitung. Auch für Kapitalanleger interessant.
>
> Kaufpreis 567.320,00 € mit TG Stellplatz
>
> Besichtigung nach tel. Vereinbarung, Meyer Tel. 0341 7126586, Ferdinand-Lassalle-Str. 86

2.

> **Alles klar für die eigene Wohnung** - verkaufe gut erhaltene Eigentumswohnung, 67 m² Verbraucherausweis KWh 56/m²a, Baujahr 1994, Solarenergie/Erdwärme, Aufzug, großzügiges Bad, Loggia, Tiefgarage, Wohnküche, Bodengleiche Dusche, 2,5 Räume, Kaufpreis inkl. Stellplatz 250.610,00 €
>
> Meyer Tel. 0341 7126586

6.2.3

Für einen Provisionsanspruch sind vier Voraussetzungen notwendig:

1. Der Abschluss eines wirksamen Maklervertrages.

2. Die Erbringung der vertragsmäßigen Maklerleistung. Dabei kann es sich entweder um das Nachweisen von Vertragsgelegenheiten (Nachweistätigkeit) oder um die Vermittlung von Vertragsabschlüssen (Vermittlungstätigkeit) handeln.

3. Der erfolgreiche Abschluss des Hauptvertrags, hier: des Mietvertrags.

4. Die Kausalität der Maklerleistung für den Abschluss des Mietvertrags: Der Nachweis der Vertragsgelegenheit muss die Ursache für den Abschluss des Mietvertrags sein. Dies ist regelmäßig der Fall, wenn Mieter und Vermieter sich vorher nicht kannten.

Begleitung von Bauvorhaben

Begleitung von Bauvorhaben

1 Grundlagen der Bauplanung

2 Der Bauantrag

3 Die Baudurchführung

4 Modernisierungs- und Sanierungsmaßnahmen

Ihre Notizen

| Grundlagen der Bauplanung | B1 |

1 Grundlagen der Bauplanung

1.1 Das öffentliche Baurecht

1.1.1

Lösung **5.** ist **richtig.**

Die Planungshoheit der Gemeinden ergibt sich aus dem Grundgesetz (Artikel 28 Absatz 2 Satz 1 GG).

1.1.2

Lösung **1.** ist **richtig.**

Bauplanungsrechtliche Vorschriften enthält neben dem BauGB und der BauNVO vor allem auch die Planzeichenverordnung, die für die Ausarbeitung von Bebauungsplänen und die Darstellung des Planinhaltes wichtig ist. Baurechtliche Vorschriften sind auch in den Bebauungsplänen der Städte/Gemeinden nach BauGB § 10 in Form von Satzungen verankert. Weiterhin müssen bei einem Bauvorhaben auch die Nebenverordnungen wie zum Beispiel Bundesfernstraßengesetz, Denkmalschutzgesetz oder Wasserhaushaltsgesetz beachtet werden.

1.1.3

Lösung **2.** ist **richtig.**

Bauleitplanung = Flächennutzungsplan und Bebauungsplan

Das Baugesetzbuch sieht als gestaltende Instrumente der Bauleitplanung zum einen den Flächennutzungsplan (§§ 5 ff. BauGB) als vorbereitenden und zum anderen den Bebauungsplan (§§ 8 ff. BauGB) als verbindlichen Bauleitplan vor.

1.1.4

Das Baugesetzbuch sieht drei Planbereiche vor:

- **den eigentlichen Planbereich:**
  Grundstücke, die im Bereich eines qualifizierten Bebauungsplans liegen (§ 33 BauGB)

- **den Innenbereich:**
  Grundstücke, die innerhalb bebauter Ortsteile liegen, für die aber kein qualifizierter Bebauungsplan existiert (§ 34 BauGB)

- **den Außenbereich:**
  Grundstücke, die weder im Geltungsbereich eines qualifizierten Bebauungsplans noch im Innenbereich liegen (§ 35 BauGB).

1.1.5

Lösung **5.** ist **richtig.**

Eine Baugenehmigung kann auch außerhalb des sogenannten beplanten Bereichs erteilt werden, z. B. für Lückenbebauungen.

©U-Form Verlag – Kopieren verboten!

B1 Grundlagen der Bauplanung

1.1.6

Die Baufreiheit ist Bestandteil des grundsätzlich geschützten Eigentums nach Artikel 14 GG. Das Recht, bauliche Anlagen zu errichten und zu ändern, gehört nach dem GG zum Inhalt des Eigentums. Allerdings bestimmt Artikel 14 GG auch, dass Inhalt und Beschränkungen des Grundrechtes durch Gesetze bestimmt werden (Art. 14 I 2 GG). Diese Gesetze sind die oben genannten Vorschriften.

1.1.6.1

Die vier W-Fragen lauten:

- Wo darf gebaut werden?
- Was darf gebaut werden?
- Wie darf gebaut werden?
- Wer ist zuständig für die Beantwortung dieser Fragen?

Mit diesen Fragen ist gleichzeitig die Gliederung des BauGB vorgegeben.

1.1.6.2

Das Baurecht wird dem Grundstückseigentümer nicht durch das öffentliche Recht verliehen oder erteilt! Dazu haben Verfassungsgerichte eindeutige Urteile erlassen.

Es gilt:

Zwar darf nicht jeder überall das bauen, was ihm gerade beliebt, auf der anderen Seite dürfen Behörden nicht nach Belieben entscheiden, ob, was und wie gebaut werden darf.

Es steht immer die Frage für alle Bauherren, welche Eigenschaften ein Grundstück aufweisen muss, damit es überhaupt bebaut werden darf - also die Zulässigkeit von Bauvorhaben gemäß BauGB §§ 30 ff.

Lesen Sie dazu §§ 30 bis 35 BauGB.

| Grundlagen der Bauplanung | **B1** |

1.2 Die Bauleitplanung: Flächennutzungsplan und Bebauungsplan

1.2.1

Aussage **2.** ist falsch.

Der Flächennutzungsplan stellt nicht nur die bauliche Nutzung, sondern vor allem auch die Bodennutzung insgesamt dar.

Zu Antwort 1.: Richtige Aussage

Der Flächennutzungsplan umfasst ein gesamtes Gemeindegebiet in seinen Grundzügen – im Gegensatz zum Bebauungsplan, welcher in der Regel nur Teile des Gemeindegebietes umfasst (§ 5 Absatz 1 Satz 1 BauGB).

Zu Antwort 3.: Richtige Aussage

Die bauliche Nutzungsplanung wird im Flächennutzungsplan nur in grobem Umfang dargestellt; dies regelt § 1 der Baunutzungsverordnung (BauNVO). Es werden folgende Bauflächen unterschieden:

- Wohnbauflächen (W)
- Gemischte Bauflächen (M)
- Gewerbliche Bauflächen (G)
- Sonderbauflächen (S)

Zu Antwort 4. und 5.: Richtige Aussagen

Der Flächennutzungsplan ist eine sogenannte hoheitliche Maßnahme eigener Art, die gemäß § 6 Absatz 1 BauGB der Genehmigung der höheren Verwaltungsbehörde bedarf. Es ist kein Gesetz, keine Verordnung und kein Verwaltungsakt. Damit ist der Flächennutzungsplan gerichtlich nicht überprüfbar; das heißt weder Anfechtungsklage noch Normenkontrollverfahren sind zulässig.

Die Gemeinde ist jedoch an den von ihr beschlossenen Plan gebunden; der Bürger muss sich darauf verlassen können.

©U-Form Verlag – Kopieren verboten!

| | B1 | **Grundlagen der Bauplanung** |

1.2.2

Die richtige Reihenfolge lautet:

a)	b)	c)	d)	e)	f)	g)	h)
3	1	4	5	2	8	7	6

1. Beschluss der Gemeindevertretung, einen Flächennutzungsplan aufzustellen.

2. Veröffentlichung des Beschlusses

   Je nach Satzung der Gemeinde wird der Beschluss durch Veröffentlichung in der ortsüblichen Tageszeitung oder durch Anschlag bekannt gegeben.

3. Frühzeitige Bürgerbeteiligung

   Die frühzeitige Bürgerbeteiligung soll bereits vor der Aufstellung eines Planentwurfs für den Flächennutzungsplan erfolgen. Sie wird beispielsweise in Diskussionsrunden durchgeführt. Eventuell führen massive Widerstände der Bevölkerung sogar zur Aufgabe eines Flächennutzungsplanes; dadurch können möglicherweise weitergehende Kosten gespart werden.

4. Ausarbeitung eines Planentwurfs

   Am Planaufstellungsverfahren sind gemäß § 4 BauGB die Träger öffentlicher Belange zu beteiligen. Dies sind in der Regel die Nachbargemeinden, die Wasser- und Flurbereinigungsbehörden, die Träger der Straßenbaulast, Land-, Forst- und Naturschutzbehörden.

5. Auslegung des Planentwurfs

   Sobald ein fertiger Planentwurf mit Erläuterungsbericht vorliegt, fasst die Gemeinde den Beschluss, den Plan gemäß § 3 BauGB öffentlich auszulegen. Ort und Dauer der Auslegung sind mindestens eine Woche vorher ortsüblich bekannt zu machen. Dies muss mit dem Hinweis geschehen, dass Anregungen während der Auslegungsfrist vorgebracht werden können.

6. Anregungen während der Auslegungsfrist

   Gemäß § 3 Absatz 2 BauGB sind die Entwürfe von Bauleitplänen für die Dauer eines Monats öffentlich auszulegen. Die öffentliche Auslegung dient dazu, die unmittelbar Betroffenen über den beschlossenen Planentwurf zu unterrichten und jedem die Möglichkeit zu geben, Anregungen zum Planentwurf vorzubringen. Jedermann kann Anregungen vorbringen; Betroffenheit ist nicht erforderlich. Anregungen müssen schriftlich oder zur Niederschrift bei der Gemeindeverwaltung eingereicht werden.

7. Die Gemeinde beschließt den Flächennutzungsplan.

8. Verkündung des Flächennutzungsplans

   Der Flächennutzungsplan wird mit der Verkündigung rechtskräftig.

Anmerkung:

Der Flächennutzungsplan muss der übergeordneten Stelle vorgelegt und von ihr genehmigt werden, in der Regel ist das das Regierungspräsidium (§ 6 Abs. 1 BauGB).

Die oben beschriebene Reihenfolge der Verfahrensweise trifft in gleicher Weise auf Bebauungspläne zu.

Grundlagen der Bauplanung

B1

1.2.3

Der B-Plan entsteht aus dem Flächennutzungsplan (FNP) und wird als parzellenscharfe Satzung § 10 Abs. 1 BauGB beschlossen und ist rechtsverbindlich.

Das Verfahren über die Aufstellung des Bauleitplanes wird vor allem in § 2 BauGB geregelt, sowie 2a – 4b und § 205 BauGB.

Diese Vorschriften müssen durch die landesrechtlichen Vorschriften ergänzt werden.

Im B-Plan müssen die Planungsvorschriften der §§ 30, 34, 35 sowie § 9 und §§ 2 – 14 BauGB berücksichtigt werden. Zum Beispiel:

- Art der baulichen Nutzung
- Maße der baulichen Nutzung
- Bauweise
- Überbaubare Grundstücke

1.2.4

Unterschiede zwischen FNP und B-Plan

FNP §§ 5 – 7 BauGB	B-Plan §§ 8 – 10 BauGB
Vorbereitend § 1 Abs. 2	Verbindlich § 1 Abs. 2
Darstellungen § 5 Abs. 1	Festsetzung § 8 Abs. 1
gesamtes Gemeindegebiet § 5 Abs. 1	kleiner Teil des Gemeindegebietes
keine unmittelbare Wirkung oder nur ausnahmsweise §§ 15 Abs. 3; 35 Abs. 3.5	unmittelbare Wirkung auf die Bürger
hoheitliche Maßnahmen	Gemeindesatzung § 10 Abs. 1
keine gerichtliche Kontrolle	Normenkontrolle nach § 47 Abs. 1 Nr. 1 VwGO und Kontrolle durch das Gericht

1.2.5

Eine notarielle Rechtmäßigkeit eines B-Planes ist nur eingeschränkt überprüfbar. Ähnlich wie bei Verwaltungsakten, die im behördlichen Ermessen stehen, muss die Gemeinde/Stadt nur den Rahmen halten, den ihre gesetzlichen Vorschriften beinhalten und vorgeben, wie die Art und Weise des Planungsvorhabens auszuüben ist.

Diese Planungsvorgaben beziehen sich auf

- Die Erforderlichkeit des B-Planes
- Die zwingenden Vorgaben
  - Anpassung an die Raumordnung
  - FNP
  - Beschränkungen auf zugelassene Festsetzungen § 9 BauGB / BauNVO
  - Abwägung öffentlicher Belange/privater Belange
  - Planungserhalt nach § 214 ff BauGB

©U-Form Verlag – Kopieren verboten!

B1	Grundlagen der Bauplanung

1.2.6

Nach § 47 I VwGO (Verwaltungsgerichtsordnung) entscheidet das OLG und Verwaltungsgerichtshöfe auf Antrag über die Gültigkeit von Satzungen, die nach dem BauGB erlassen wurden.

Herr Steinmüllerhausen beantragt ein Normenkontrollverfahren. Im Zuge der Klage prüfen die o.g. Gerichte, ob die Satzung unwirksam ist und damit der Bauantrag genehmigt werden muss.

Das OLG/VGH wird dem Bauherren recht geben, wenn die Veränderungssperre nicht der Sicherung einer konkreten Planung, sondern nur zur Verhinderung von Bauvorhaben erlassen wurde.

1.2.6.1

Nach BauGB

§ 30 Zulässigkeit von Vorhaben im Geltungsbereich eines Bebauungsplanes

Die Baupläne werden nach den Vorschriften des BauGB von den Städten/Gemeinden in eigener Verantwortung erstellt.

§ 34 Zulässigkeit von Vorhaben innerhalb der im Zusammenhang bebauten Ortsteile

Hier handelt es sich um die weitere Bebauung der Ortsteile im Zusammenhang mit dem bereits bebauten Ortskern

§ 35 Bauen im Außenbereich

sog. Privilegierter Bereich – Land- und Forstwirtschaft sowie Gartenbau

1.2.6.2

Alle Probleme, wie z. B. Auswirkungen auf Tiere, Pflanzen, Boden, Luft, Klima usw., müssen einer Umweltprüfung unterzogen werden. Diese Überprüfung ist kein eigenständiges Verfahren, sondern Bestandteil des Aufstellungsverfahrens für alle Bauleitpläne.

Die Überprüfung muss somit bereits im FNP durchgeführt werden und wird dann in dem nachfolgenden Bebauungsplanverfahren (rechtlich verbindlicher Bebauungsplan) übernommen. Die Ergebnisse der Umweltprüfung werden in einem Umweltbericht zusammengefasst, der selbstständig neben der Begründung des BBP steht.

Erforderlicher Inhalt des Umweltberichtes ist gemäß Anlage 2 zu § 2 BauGB zu erarbeiten.

Grundlagen der Bauplanung

1.2.7

Lösung **2.** ist **richtig**.

Gemäß Baunutzungsverordnung (BauNVO) werden in einem sogenannten Kerngebiet (abgekürzt MK) vorwiegend Handelsbetriebe sowie Einrichtungen der Wirtschaft und Verwaltung errichtet. Ein Teil der Gebäude kann als Wohnungen genutzt werden.

Zu Antwort 1.:

Ein Industriegebiet kommt insofern nicht in Betracht, weil dort ausschließlich Gewerbebetriebe, aber keine Wohnungen gebaut werden sollen.

Zu Antwort 3.:

In einem Dorfgebiet soll der dörfliche Charakter erhalten bleiben; die Grundstücke sind Wirtschaftsstellen der Land- und Forstwirtschaft sowie Wohnraum vorbehalten.

Zu Antwort 4.:

Sondergebiete sind für die Nutzung als Erholungsgebiete bestimmt.

Zu Antwort 5.:

Besondere Wohngebiete sollen Wohngebieten mit besonderem Charakter vorbehalten sein, wo auch infrastrukturelle Einrichtungen gebaut werden können, die mit der Wohnnutzung vereinbar sind.

INFO

Im Bebauungsplan wird unter anderem die Art der baulichen Nutzung festgelegt. Mögliche Festsetzungen sind:

- **Wohnbaufläche (W)**
  - Kleinsiedlungsgebiet (WS)
  - Reines Wohngebiet (WR)
  - Allgemeines Wohngebiet (WA)
  - Besonderes Wohngebiet (WB)

- **Gewerbliche Baufläche (G)**
  - Gewerbegebiet (GE)
  - Industriegebiet (GI)

- **Gemischte Baufläche (M)**
  - Dorfgebiet (MD)
  - Mischgebiet (MI)
  - Kerngebiet (MK)

- **Sonderbaufläche (S)**
  - Sondergebiete, die der Erholung dienen
  - Sonstige Sondergebiete

B1	**Grundlagen der Bauplanung**

1.2.8

a) Vorwiegend zum Wohnen	W	A
b) Vorwiegend für Wirtschaftsstellen der Land- und Forstwirtschaft und zum Wohnen	M	D
c) Wohnen und gewerbliche Betriebe, die das Wohnen nicht wesentlich stören	M	I
d) Vorwiegend nicht erheblich belästigende Gewerbebetriebe	G	E
e) Ausschließlich Gewerbebetriebe	G	I
f) Vorwiegend Handelsbetriebe, Einrichtungen der Wirtschaft und Verwaltung	M	K
g) Vorwiegend Kleinsiedlungen und landwirtschaftliche Nebenerwerbsstellen	W	S
h) Wochenendhäuser als Einzelhäuser oder Hausgruppen	S	O

1.2.9

Lösung **4.** ist **richtig.**

Da die Grundfläche eines Gebäudes mindestens so groß wie die Summe aller Geschossflächen ist, kann die Grundflächenzahl nicht größer sein als die Geschossflächenzahl.

Zu Antwort 1.: Falsch

GFZ ist die Abkürzung für Geschossflächenzahl; die korrekte Abkürzung für Grundflächenzahl ist GRZ.

Zu Antwort 2.: Falsch

Die Grundflächenzahl (GRZ) gibt an, welcher Teil eines Grundstücks bebaut werden darf.

Eine Grundflächenzahl von 0,4 bedeutet, dass 40 % eines Grundstücks bebaut werden dürfen. Wenn das Grundstück also 800 m² groß ist, so darf die bebaute Grundfläche, also die Grundfläche des Gebäudes 320 m² (= 40 %) nicht überschreiten.

Die BauNVO von 1993 sieht bei der Berechnung der bebauten Grundfläche die Anrechnung der Grundflächen von Garagen, Stellplätzen und Zufahrten vor, wenn deren Flächen versiegelt sind (z. B. durch Pflasterung).

Zu Antwort 3.: Falsch

Die Geschossflächenzahl (GFZ) gibt nicht die Zahl der Vollgeschosse an, sondern das Verhältnis der Geschossfläche zur Grundfläche.

Das ist die Summe der Flächen aller Vollgeschosse.

Wenn beispielsweise in einem Wohngebiet sowohl zweigeschossige Bauweise als auch eine Geschossflächenzahl von 0,6 festgelegt ist, so darf auf einem 800 m² großen Grundstück die Fläche der beiden Geschosse insgesamt 480 m² (= 60 %) betragen.

Zu Antwort 5.: Falsch

Die Grundflächenzahl ist nur bei eingeschossiger Bauweise so groß wie die Geschossflächenzahl; in der Regel aber weicht die Geschossflächenzahl von der Grundflächenzahl ab.

| Grundlagen der Bauplanung | B1 |

1.2.10

Die Baumassenzahl gibt das Verhältnis der Baumasse zur Grundstücksfläche an.

1.2.11

Grundstücksfläche:
180 m x 60 m = 10.800 m²

Geschossfläche:
Bürogebäude 1 (zweigeschossig): 40 m x 20 m x 2 = 1.600 m² GF
Bürogebäude 2 (dreigeschossig): 40 m x 20 m x 3 = 2.400 m² GF

4.000 m² GF

$$\text{Geschossflächenzahl} = \frac{\text{Geschossfläche}}{\text{Grundstücksfläche}} = \frac{4.000 \text{ m}^2}{10.800 \text{ m}^2} = \textbf{0,37 GFZ}$$

1.2.12

MD	=	Dorfgebiet
3 – 5 WE	=	Anzahl der Wohneinheiten, 3 – 5 Wohnungen
II – III	=	Anzahl der Vollgeschosse, mindestens 2, höchstens 3
0,4	=	Grundflächenzahl (d.h. 500 m² x 0,4 = 200 m² überbaubare Grundstücksfläche)
(0,8)	=	Geschossflächenzahl (d.h. 500 m² x 0,8 = 400 m² Geschossfläche; das entspricht bei 2 Vollgeschossen 200 m² pro Geschoss oder bei 3 Vollgeschossen 133 m² pro Vollgeschoss)
FH 9,30	=	Firsthöhe höchstens 9,30 m
WD	=	Dachform (d.h. Walmdach) zulässig
DN 5° - 22°	=	Dachneigung min. 5° bis max. 22°
O ⟋H⟍	=	offene Bauweise als Häusergruppen

1.2.13

Baulinie (rot gekennzeichnet in der PlanzVO): ·—·—·—·—·—·—·—

Auf einer Baulinie **muss** gebaut werden. Sie trennt also die bebaubare von der nichtbebaubaren Grundstücksfläche. Die Baulinie geht meist auch unter die Geländeoberfläche (eine Tiefgarage darf somit ebenfalls an ihren Grenzen nicht über die Baulinie gebaut werden).

Baugrenze (blau gekennzeichnet in der PlanzVO): ·—·—·—·—·—·—·—

Bis an diese Grenze **darf** gebaut werden.

B1	Grundlagen der Bauplanung

1.2.14

a)

Art der baulichen Nutzung

| MI | Mischgebiet (§ 5 BauNVO) |
| GE | Gewerbegebiet (§ 8 BauNVO) |

Maß der baulichen Nutzung (§ 9 Abs. 1 Nr. 1 BauGB)

IV	Höchstgrenze
II – IV	Als Mindest- und Höchstgrenze
(IV)	Zwingend
FH	Firsthöhe
WH	Wandhöhe

Bauweise (Nach § 9 Abs. 1 Nr. 2 BauGB)

E	Nur Einzelbauweise zulässig
g	Geschlossene Bauweise
–·–·–·–·–·	Baulinie (§ 23 Abs. 3 BauNVO)
–·–·–·–·–·	Baugrenze (§ 23 Abs. 3 BauNVO)
- - - - - - -	Geplante Grundstücksgrenze

Verkehrsflächen (§ 9 Abs. 1 Nr. 11 BauGB)

	Fahrbahn
	Gehweg
	Gemischt genutzte Verkehrsflächen
P	Öffentliche Stellplätze
-•-•-•-•-	Bereich ohne Ein- und Ausfahrt

Grünflächen (§ 9 Abs. 1 Nr. 15 BauGB)

| ◎ | Pflanzgebot für Bäume |
| ⊙ | Zu erhaltende Bäume |

Flächen für Nebenanlagen (§ 9 Abs. 1 Nr. 4 und 22 BauGB)

TGa	Tiefgarage
Ga	Garagen
⬚	Baugrenze

Sonstige Darstellungen und Festsetzungen
(§ 9 Abs. 1 Nr. 4 und 22 BauGB)
Baugestaltung (§73 LBO)

| FD | Flachdach |
| PD | Pultdach |

Grundlagen der Bauplanung

B1

1.2.14

b)

Herrn Bauer bieten Sie das Grundstück nach der folgenden Nutzungsschablone an

MI	IV
0,6	1,2
⟨E⟩	FD/PD

Aus dem Bebauungsplan ersehen Sie, dass auch noch eine Garage mit Flachdach gebaut werden kann.

Vor dem Gespräch mit Fam. Bauer werden Sie noch einen Auszug aus dem Grundbuch beim Grundbuchamt anfordern, um auch die Größe des Grundstückes zu ermitteln, da diese im Bebauungsplan nicht angegeben ist. Sie kennen nur die Flurstücks-Nummer.

1.2.15

a)

Sie müssen die gesetzlichen Grundlagen der BauNVO, PlanzVO, BauGB und der Landesbauordnung vorliegen haben und sich damit auskennen, um die Angaben genau definieren zu können.

b)

- Es muss ein rechtsverbindlicher Bebauungsplan vorliegen, wo Art, Maß, Bauweise, überbaubare Grundstücksfläche und Erschließung bestätigt sind.

- Das Wohnungsunternehmen kann eine Bauvoranfrage an das zuständige Bauamt stellen, um alle anstehenden Fragen bereits zu klären.

- Bei Zustimmung des Bauantrages kann bereits die planungstechnische Arbeit beginnen

- Zeitersparnis für das Wohnungsunternehmen

©U-Form Verlag – Kopieren verboten!

| **B1** | **Grundlagen der Bauplanung** |

1.3 Die Erschließung des Grundstücks

1.3.1

Aussage **2.** ist **falsch.**

Nicht maximal, sondern mindestens 10 % der Erschließungskosten sind von der Gemeinde zu tragen. Dies ist in § 129 Absatz 1 BauGB geregelt.

1.3.2

Kosten der Erschließung gesamt	600.000,00 €
– öffentliche Mittel	170.000,00 €
= anrechenbare Kosten	430.000,00 €

Die Gemeinde trägt 10 % der Kosten:

430.000,00 € x 10 % = 43.000,00 € Gemeindeanteil

430.000,00 € – 43.000,00 € = 387.000,00 €

387.000,00 € sind die Kosten, welche auf alle 12 Eigentümer anteilig umgelegt werden können.

Berechnung der Kosten für die Eigentümer:

nach Geschossfläche:
(387.000,00 € x 280 m²) : 6.720 m² x 40 % = 6.450,00 €

nach Grundstücksfläche:
(387.000,00 € x 20 m x 36 m) : 17.280 m² x 30 % = 4.837,50 €

nach Straßenbreite:
387.000,00 € x 20 m : (24 Häuser x 20 m) x 30 % = 4.837,50 €

Gesamtkosten je Grundstück an der Erschließung

	6.450,00 €
+	4.837,50 €
+	4.837,50 €
	16.125,00 €

1.3.3

Lösung **4.** ist **richtig.**

In § 127 Absatz 2 BauGB werden die Erschließungsanlagen im Sinne des Baugesetzbuchs genannt.

Grundlagen der Bauplanung

B1

1.3.4

a)

0,4 x 600 m² = 240 m² überbaubare Grundstücksfläche
0,8 x 600 m² = 480 m² Geschossfläche
480 m² : 2 Geschosse = 240 m² pro Geschoss

b)

Ja, gemäß BauNVO § 7 handelt es sich um ein Kerngebiet und die Einrichtung von Versorgungseinrichtungen ist möglich.

c)

3.600 m² : 600 m² = 6

Der Bauträger kann an 6 kaufwillige Bürger das erschlossene Bauland verkaufen.

1.3.5.1

Die Eheleute sollten beim Bauamt eine kostenpflichtige Bauvoranfrage stellen, um zu erfahren wie sie ihr Traumhaus bauen können.

Für Baulücken gibt es oft keinen Bebauungsplan.

In solchen Fällen müssen die Häuser, welche in die Baulücke gebaut werden sollen, nach den Vorgaben des § 34 Baugesetzbuch geplant werden.

Es sollte für die Planung ein Architekt beauftragt werden, da eine Bebauung in einer Baulücke oft mit Risiko verbunden ist.

Das Bauwerk <u>muss</u> sich an die Umgebung anpassen.

Es sollen auch die Nachbarn in die Planung mit einbezogen werden, um künftig Nachbarschaftsstreit zu vermeiden. Oft muss auch die Gartengestaltung mit dem dafür zuständigen Amt abgeklärt werden.

Einige Städte/Gemeinden haben den Bebauungsplan durch eine Gestaltungssatzung ergänzt.

1.3.5.2

Als erstes sollte geprüft werden, ob es für das zu bebauenden Grundstück einen rechtlich verbindlichen Bebauungsplan gibt.

Im Bebauungsplan könnte das Ehepaar ersehen:

- wie hoch das Gebäude sein darf
- wie viel Fläche das Grundstück des Hauses maximal einnehmen darf
- wie groß der Abstand zum Nachbar sein muss
- in welche Richtung der Dachfirst zeigen muss

Manchmal regelt der Bebauungsplan sogar, wie Zäune, Mauern oder Hecken an der Grundstücksgrenze stehen dürfen.

Viele Bebauungspläne erlauben heute allerdings ausdrücklich die sogenannte Nachbarschaftsdichte, also die Bebauung großer Parzellen mit mehreren EFH, DHH oder Reihenhäusern.

©U-Form Verlag – Kopieren verboten!

| **B1** | **Grundlagen der Bauplanung** |

1.3.6

a) Herr Jahn benötigt für die Baugenehmigung in einem Sanierungsgebiet eine Vielzahl von Genehmigungen (nach § 144 BauGB):

- die Genehmigung für den Erwerb des Hauses

- für die Bestellung der Hypothek die Zustimmung des Amtes

- die Genehmigung zum Umbau einschließlich Imbiss

- eine Genehmigung für die Neuvermietung (Abschluss von Mietverträgen)

Diese Genehmigungen sind notwendig, da ein Sanierungsgebiet von der Einheitlichkeit der Maßnahme zur Verbesserung der Lebensbedingungen der Einwohner gekennzeichnet ist. Lesen Sie dazu auch § 14 und 136 ff des BauGB.

b) Das Bauamt muss innerhalb von zwei Monaten nach Eingang des Antrages entscheiden.

Aufgrund der Genehmigungspflicht erhält die Stadt/Gemeinde rechtzeitig Kenntnis über alle Vorgänge und Vorhaben der Eigentümer oder Käufer, die zur Verbesserung des Wohngebietes beitragen.

Die Genehmigung darf nur versagt werden, wenn ein Grund zur Annahme besteht, dass das Vorhaben die Durchsetzung der Satzung unmöglich macht oder erschwert.

Grundlagen der Bauplanung

B1

1.3.7

Ein Erschließungsvertrag ist ein städtebaulicher Vertrag und muss die Regeln, die im § 11 BauGB enthalten sind, beachten. Durch den Erschließungsvertrag verpflichtet sich der Bauträger, die Erschließung im eigenen Namen und auf eigene Rechnung durchzuführen.

Er übernimmt so die Verantwortung für den reibungslosen technischen und finanziellen Aufwand. Die Stadt überwacht nur den ordnungsgemäßen Ablauf.

Vorteile für die Stadt:
– Keine technischen und Planungsaufgaben.
– Die Stadt muss keine Erschließungsbeiträge erheben und entgeht somit auftretendem Streit mit den Grundstückseigentümern.
– Kein Anteil von 10 % an den Erschließungskosten.

Vorteile für den Investor:
– Er hat den Ablauf der Erschließung in seiner Hand und kann die Zeit nach seinem Bauablauf planen.
– Die Kosten rechnet der Erschließungsträger in den Kaufpreis ein und vermeidet dadurch Auseinandersetzungen mit den Eigentümern.

Gegenstände des Erschließungsvertrages können sein:
– Nach § 11 Abs. 1 Satz 2 Ziffer 1 BauGB: alle nach Bundes- und Landesrecht beitragsfähigen Erschließungskosten, sowie nicht beitragsfähige Erschließungsanlagen.
– Umfang der Erschließungsmaßnahmen. Hier werden alle Anlagen und Einrichtungen aufgezählt, die innerhalb des Erschließungsgebietes herzustellen sind. Dies gilt genauso für eventuelle Anlagen außerhalb des Erschließungsgebietes zur Anbindung der neuen Anlagen. Wegen der technischen Einzelheiten kann auf Pläne, Beschreibungen oder Ausführungsvorgaben verwiesen werden. Zur Klarstellung empfiehlt es sich außerdem, solche Anlagen aufzuführen, die durch andere Einrichtungsträger (z. B. Telekom, Energieversorger) hergestellt werden.
– Genaue Regelung zur Durchführung z. B. Beauftragung von Planungsbüros, Vergabemodalitäten, Bauzeitenplan, Bauleitung, Überwachung der Arbeiten.
– Abnahme und Übernahme der Erschließungsanlagen und der Grundflächen durch die Gemeinde.
– Unterhaltungslast, Verkehrssicherungspflicht und Gefahrtragung eines zufälligen Untergangs oder einer zufälligen Verschlechterung bis zur endgültigen Übergabe an die Gemeinde. Die Verkehrssicherungspflicht obliegt dem Erschließungsträger.
– Gewährleistungsverpflichtung des Erschließungsträgers für eine mängelfreie Herstellung nach den vertraglich zugesicherten Eigenschaften und den anerkannten Regeln der Technik. Vereinbarung der Gewährleistungsfrist.
– Bei teilweiser Kostentragung durch die Gemeinde muss vereinbart werden, wie der Erschließungsaufwand ermittelt und nach welchen Anteilen er auf die Vertragspartner aufgeteilt wird.
– Sicherheitsleistung des Erschließungsträgers in Form einer Vertragserfüllungsbürgschaft und einer Gewährleistungsbürgschaft.
– Bestimmungen bezüglich der Kündigung des Vertrages und Übereinkünfte bei möglichen Leistungsstörungen.

Der Stadtrat/Gemeinderat muss den Erschließungsvertrag mit dem Investor beschließen (Satzungsbeschluss).

©U-Form Verlag – Kopieren verboten!

| **B2** | Der Bauantrag |

2 Der Bauantrag

2.1 Das Baugenehmigungsverfahren

2.1.1

Beim **Bauamt** der Stadt oder der zuständigen Gemeinde

INFO

Bebaubarkeit eines Grundstücks

Ob ein Grundstück bebaut werden darf oder nicht, hängt zum einen davon ab, in welchem Planungsbereich der Gemeinde sich das Grundstück befindet und zum anderen, ob die landesrechtlichen Vorschriften eingehalten werden können. Beim Bauplanungsamt der Gemeinde bekommt man eine entsprechende Auskunft.

Bei der Bebaubarkeit eines Grundstücks ist zu unterscheiden, in was für einem Planungsbereich der Gemeinde gebaut werden soll:

Beplanter Innenbereich (Bebauungsplan)

Im Geltungsbereich eines qualifizierten Bebauungsplans ist ein Vorhaben zulässig, wenn es den Festsetzungen des Bebauungsplans nicht widerspricht und die Erschließung gesichert ist. Es gelten §§ 30, 31 BauGB.

Wenn ein Bauvorhaben während der Planaufstellung genehmigt werden soll, so ist § 33 BauGB zu beachten.

Bauen im Innenbereich

Für die Bebauung von Grundstücken, die innerhalb der Ortschaft liegen und für die kein Bebauungsplan oder nur ein einfacher Bebauungsplan vorliegt, gilt § 34 BauGB.

§ 34 Absatz 1 BauGB regelt die grundsätzliche Möglichkeit der Bebauung:

„Innerhalb der im Zusammenhang bebauten Ortsteile ist ein Vorhaben zulässig, wenn es sich nach Art und Maß der baulichen Nutzung, der Bauweise und der Grundstücksfläche, die überbaut werden soll, in die Eigenart der näheren Umgebung einfügt und die Erschließung gesichert ist. Die Anforderungen an gesunde Wohn- und Arbeitsverhältnisse müssen gewahrt bleiben; das Ortsbild darf nicht beeinträchtigt werden."

Bauen im Außenbereich

Das Bauen im Außenbereich, also außerhalb von bebauten Ortsteilen, ist nur zulässig, wenn es sich um bestimmte Betriebsarten, vor allem landwirtschaftliche Betriebe oder Energie gewinnende Betriebe handelt. Das Bauen im Außenbereich ist im § 35 BauGB geregelt, dessen Inhalt Sie im Einzelnen nicht für die Prüfung kennen müssen.

2.1.2

Der Bauantrag wird **bei der Gemeinde** eingereicht.

Welches die zuständige Stelle bei der Gemeinde ist, ist landesrechtlich unterschiedlich in der Bauordnung des jeweiligen Bundeslandes geregelt.

Der Bauantrag B2

2.1.3

Das Baugenehmigungsverfahren

Das Baugenehmigungsverfahren ist – abweichend von einer weit verbreiteten Ansicht – keineswegs im Baugesetzbuch geregelt, sondern in den landesrechtlich unterschiedlichen Bauordnungen der einzelnen Bundesländer.

Daher kann auf die einzelnen Bestimmungen der Bauordnungen nicht im Einzelnen eingegangen werden, denn die Bauordnungen der Bundesländer weichen in ihrer Gesetzessystematik durchaus voneinander ab.

Die hier abgefragte Reihenfolge ist daher sehr allgemein gehalten.

1. Der Bauherr beantragt einen amtlichen Lageplan. (d)
2. Bauherr und Architekt unterzeichnen den Bauantrag. (a)
3. Der Bauantrag geht bei der Gemeinde ein. (c)
4. Der Bauantrag kommt nach der Prüfung durch die Gemeinde zur Baugenehmigungsbehörde. (e)
5. Die Baugenehmigung wird dem Bauherrn zugeschickt. (b)
6. Mit dem Bau kann begonnen werden. (f)

2.1.4

Nein, vor allem für unbedeutende bauliche Anlagen (z. B. für das Aufstellen eines vom Baumarkt gekauften Gartenhäuschens) und für eine Bebauung einer Baulücke, wo bereits eine Genehmigung vorliegt, ist kein Antrag nötig.

INFO

> **Genehmigungspflichtige und genehmigungsfreie Vorhaben**
>
> Grundsätzlich sind die Errichtung, die bauliche Änderung oder die Nutzungsänderung baulicher Anlagen genehmigungspflichtig. Nur für unbedeutende Bauten – sie werden in den Landesbauordnungen im Einzelnen aufgeführt – ist keine Baugenehmigung erforderlich.
>
> Um den Verwaltungsaufwand zu reduzieren, sind in den letzten Jahren in den Bauordnungen der meisten Bundesländer so genannte
>
> – Genehmigungsfreistellungsverfahren oder
> – Bauanzeigeverfahren
>
> eingeführt worden. Danach bedürfen bestimmte Gebäude (unterschiedlich in den Bauordnungen der Bundesländer!) keiner Baugenehmigung, wenn sie im Geltungsbereich eines qualifizierten Bebauungsplanes errichtet werden sollen, dessen Festsetzungen nicht widersprechen und die Erschließung gesichert ist.

2.1.5

An das Verwaltungsgericht.

Das Verwaltungsgericht ist für Streitigkeiten des öffentlichen Rechts zuständig. Da die Baugenehmigung von einer hoheitlichen Behörde erteilt werden muss, handelt es sich um öffentliches Recht.

B2	Der Bauantrag

2.1.6

Die Bauvoranfrage

Zur Bauvoranfrage bedarf es eines schriftlichen Antrags. Die Voranfrage dient der Klärung von Einzelfragen im Zusammenhang mit dem geplanten Vorhaben, noch bevor der Bauantrag gestellt wird. Dies können z. B. Fragen sein zur Gewährung von Ausnahmen, zur Verwendung bestimmter Baumaterialien, zur überbaubaren Grundstücksfläche oder zu Gestaltungsfragen.

Die Voranfrage ist immer dann empfehlenswert, wenn irgendwelche Zweifel an der Zulässigkeit des geplanten Bauvorhabens bestehen. Stehen öffentlich-rechtliche Vorschriften nicht im Wege, wird – wie bei der Baugenehmigung – ein Vorbescheid erteilt, welcher befristet ist. Wird ein Bauantrag innerhalb der Geltungsdauer gestellt, so kann die Genehmigungsbehörde die im Vorbescheid geklärten Fragen im Baugenehmigungsverfahren nicht anders bewerten.

2.2 Unterlagen für den Bauantrag

2.2.1

Im Bauantrag müssen u.a. diese Angaben enthalten sein:
- Bauzeichnungen allg. Art
- Lage des Bauvorhabens
- Kurzbeschreibung des Bauwerkes
- Rohbaukosten/Gesamtkosten
- Wohnfläche und Nutzfläche
- umbauter Raum
- Bauleiter

Der Bauantrag muss vom Bauherr und Entwurfsverfasser unterschrieben sein.

2.2.2

Dem Bauantrag sind die nachstehenden Bauvorlagen beizufügen:
- amtlich bestätigter Lageplan (Katasterauszug)
- ausführliche Baubeschreibung mit der Aufführung aller zu verwendenden Baumaterialien
- Bauzeichnungen in Ansicht, Schnitt und Grundrisse
- Berechnung von GFZ, GRZ, BMZ
- geprüfte Berechnung der Statik
- Berechnung m² Wfl für die einzelnen Wohnungen
- Berechnung der einzelnen m² für die Nutzflächen
- Nachweis über Schall- und Wärmeschutz
- Brandsicherungsnachweis
- Grundstücksentwässerung
- Stellplätze, Ersatzpflanzungen
- Umweltpolitische Maßnahmen, z. B. Einsatz erneuerbarer Energien
- Naturschutz

Der Bauantrag	**B2**

2.2.3

In den jeweiligen Landesverordnungen sind u.a. enthalten:
- Abstandsflächen zwischen den Gebäuden und zu Nachbargrundstücken
- Begriffsdefinitionen, z. B. was ist ein Vollgeschoss
- technische Vorschriften für Heizungsanlagen
- Vorschriften über die zu verwendenden Baustoffe
- Bestimmungen zu Wohn- und Aufenthaltsräumen
- Ablauffragen für ein Genehmigungsverfahren für Bauvorhaben
- Denkmalsbestimmungen

2.2.4

Kellergeschoss

$$8{,}31\ m \ \times \ 10{,}24\ m \ = \ 85{,}09\ m^2$$
$$- \ 0{,}25\ m \ \times \ 2{,}56\ m \ = \ 0{,}64\ m^2$$
$$- \ 0{,}13\ m \ \times \ 6{,}06\ m \ = \ 0{,}79\ m^2$$
$$83{,}66\ m^2$$

$$83{,}66\ m^2 \ \times \ 2{,}40\ m\ \text{Höhe} \ = \ \underline{200{,}78\ m^3}\ \ \text{umbauter Raum}$$

Erdgeschoss

$$8{,}31\ m \ \times \ 4{,}18\ m \ = \ 34{,}74\ m^2$$
$$+ \ 0{,}25\ m \ \times \ 3{,}89\ m \ = \ 0{,}97\ m^2$$
$$+ \ 6{,}06\ m \ \times \ 8{,}18\ m \ = \ 49{,}57\ m^2$$
$$85{,}28\ m^2$$

$$85{,}28\ m^2 \ \times \ 2{,}75\ m\ \text{Höhe} \ = \ \underline{234{,}52\ m^3}\ \ \text{umbauter Raum}$$

Ausgebautes Dachgeschoss

Zuerst wird der Quader des Kniestocks ausgerechnet:
$$(10{,}24\ m \ \times \ 8{,}31\ m) \ \times \ 1{,}25\ \text{Höhe} \ = \ 106{,}36\ m^3\ \text{umbauter Raum}$$

Danach wird das Trapez ausgerechnet (betrifft den Teil vom Kniestock bis zur Decke):

$$\text{Formel} \left[\frac{a+b}{2} \ \times \ h \right] \times H$$

$$\left[\frac{10{,}24\ m \ + \ 5{,}50\ m}{2} \ \times \ 1{,}45\ m \right] \times 8{,}31\ m = 94{,}83\ m^3\ \text{umbauter Raum}$$

Gesamtes Dachgeschoss ausgebaut:
$$106{,}36\ m^3 + 94{,}83\ m^3 = \underline{201{,}19\ m^3}\ \text{umbauter Raum}$$

Berechnung des nicht ausgebauten Spitzdaches:

$$\text{Formel} \left[\frac{g \ \times \ h}{2} \ \times \ H \right] \times 1/3 \ (\text{s. Hinweis DIN 277/3})$$

$$\left[\frac{5{,}50\ m \ \times \ 0{,}90\ m}{2} \ \times \ 8{,}31\ m \right] \times 1/3 \ = \ \underline{6{,}86\ m^3}\ \text{umbauter Raum}$$

Gesamt umbauter Raum des Gebäudes:
$$200{,}78\ m^3 + 234{,}52\ m^3 + 201{,}19\ m^3 + 6{,}86\ m^3 = \textbf{\underline{643{,}35\ m^3}}$$

©U-Form Verlag – Kopieren verboten!

| B3 | Die Baudurchführung |

3 Die Baudurchführung

3.1 Ausschreibungen

3.1.1

Die **Vergabe- und Vertragsordnung für Bauleistungen** (abgekürzt VOB) ist ein im Auftrag des Deutschen Vergabe- und Vertragsausschusses für Bauleistungen herausgegebenes dreiteiliges Klauselwerk.

Die VOB ist weder ein Gesetz noch eine Rechtsverordnung, sondern ein von interessierten Fachkreisen erarbeitetes Regelwerk.

Der Teil A der VOB gliedert sich in folgende Abschnitte:

1. Abschnitt

Im ersten Abschnitt sind die Basisparagraphen des nationalen Vergaberechts aufgeführt.

2. Abschnitt

Dieser Abschnitt enthält die Basisparagraphen nach dem europäischen Vergaberecht mit den zusätzlichen Bestimmungen der EG-Baukoordinierungsrichtlinie.

3. Abschnitt

Er enthält auch Basisparagraphen des EU-Vergaberechts und Bestimmungen der EG-Sektorenricht-linie.

4. Abschnitt

Hier sind die Vergabebestimmungen des EU-Vergaberechts nach der EG-Sektorenrichtlinie (VOB/A SRR) benannt.

Die Basisparagraphen aus dem Abschnitt 1 werden in den Abschnitten 2 und 3 ergänzt. Die Ergän-zungen werden im Abschnitt 2 mit „a" gekennzeichnet und im 3. Abschnitt durch „b".

Lesen Sie dazu jeweils die aktuelle Ausgabe der VOB.

3.1.2

Die Anwendungsbereiche der VOB/A sind zwingend anzuwenden bei öffentlichen Auftraggebern.

Ein privater Bauunternehmer muss die VOB/A nicht zwingend für Ausschreibungen anwenden, außer er erhält Fördermittel vom Staat für sein Bauvorhaben.

Es gibt zwei Anwendungsbereiche, welche bei der Ausschreibung zu beachten sind:

- die nationale Ebene
- die europäische Ebene

Der Anwendungszwang von Abschnitt 1 der VOB/A ergibt sich aus den jeweiligen Verordnungen der Gemeinde, des Landes bzw. des Bundes gemäß ihrer beschlossenen Haushaltsordnung.

| Die Baudurchführung | B3 |

3.1.3

Die Arten der Vergabe werden im § 3 VOB/A geregelt. Es werden drei Arten benannt:

1. Öffentliche Ausschreibung:

– Es wird eine unbestimmte Zahl von Unternehmen durch Bekanntgabe in der Tageszeitung, Amtsblatt u.a. aufgefordert, Angebote abzugeben.

– Die Aufforderung zur Abgabe eines Angebotes richtet sich nur an Firmen, welche auch in der Lage sind, die Leistungen zu erbringen.

– Das Leistungsverzeichnis kann an dem benannten Ort (Firma, Bauamt der Gemeinde) gegen eine Gebührt in Form eines Verrechnungsschecks, abgeholt werden.

– Die Leistungsverzeichnisse müssen bis zum Submissionstermin abgegeben werden:
  – national   10 Tage Angebotsfrist
  – europäische mindestens 52 Tage
  gerechnet vom Tage der Bekanntgabe.

2. a) beschränkte Ausschreibung:

– Nur eine <u>beschränkte</u> Zahl von leistungsfähigen Firmen werden direkt aufgefordert ein Angebot abzugeben.

– Dieses Verfahren wird angewendet, wenn der Aufwand für den Auftraggeber gering gehalten werden soll, d.h. Aufwand und Nutzen müssen im Verhältnis stehen.

– Wenn die Baumaßnahme eine bestimmte Dringlichkeit oder Geheimhaltung aufweist.

2. b) beschränkte Ausschreibung mit öffentlicher Teilnahme:

– Hier fordert der Bauträger (Firma) die interessierten Unternehmen öffentlich in der Tagespresse auf, Anträge auf Teilnahme an der Ausschreibung zu stellen.

– Unter den Antragstellern wählt der Auftraggeber einige Unternehmen aus und führt unter diesen eine beschränkte Ausschreibung durch.

– Diese Ausschreibung ist zulässig, wenn für das Bauvorhaben eine besondere fachliche Erfahrung notwendig ist und die technischen Voraussetzung sowie das Fachpersonal vorhanden ist.

3. a) freihändige Vergabe:

Sie wird nur angewendet, wenn die Gesamtkosten für die Bauleistung gering sind oder besondere Gründe vorliegen:

– Patentschutz

– Einsatz nur <u>eines</u> bestimmten Gerätes

– die ausführende Leistung unterliegt den Geheimhaltungsvorschriften

Die Vergabe wird <u>direkt</u> vom Unternehmen vorgenommen.

3. b) freihändige Vergabe nach öffentlichem Teilnehmerwettbewerb:

– Der Auftraggeber fordert die interessierten Unternehmen öffentlich auf, ihr Interesse für den Auftrag zu bekunden.

– Der Auftraggeber prüft die Angebote und vergibt die Bauleistung direkt an die Firma.

©U-Form Verlag – Kopieren verboten!

| **B3** | **Die Baudurchführung** |

3.1.4

Eine Bekanntmachung der Ausschreibung sollte enthalten:

- Name, Anschrift, Tel./Fax, Ansprechpartner des AG
- Art des Auftrages und Ort des Bauvorhabens
- Art und Umfang der Bauleistung
- Beginn/Ende der Baumaßnahme
- Hinweis auf die VOB/B und VOB/C
- Abgabetermin/ Uhrzeit, Ort
- Submissionstermin

3.1.5

Die Grundregeln für eine Ausschreibung sind:

- Bauleistungen sind an kompetente, leistungsfähige und zuverlässige Bauunternehmen zu marktüblichen Preisen zu vergeben; dabei sollte der Wettbewerb die Regel sein.
- Es muss vom AG darauf geachtet werden, dass keine Preisabsprachen unter den Unternehmen stattfinden.
- Die Bewerber dürfen vom AG nicht anderen Bewerbern benannt werden, sofern sie bekannt sind.
- Es sollen die bestmöglichen Kenntnisse aller rechtlichen, bautechnischen sowie baupraktischen Umstände angestrebt werden.

3.2 Kalkulation der Baukosten

3.2.1

Grundstückskosten:

560 m² x 140,00 €/m² = 78.400,00 €
+ 10 % Anschaffungsnebenkosten:
78.400,00 € x 1,10   = 86.240,00 €

Baukosten:

Umbauter Raum: 10,20 m x 12,00 m x 3,10 m = 379,44 m³
379,44 m³   x 515,00 €/m³ = 195.411,60 €
+ 8 % Baunebenkosten:
195.411,60 € x 1,08 = 211.044,52 €

Summe Grundstück, Baukosten und Carport/Außenanlagen:

86.240,00 € + 211.044,52 € + 28.000,00 € = 325.284,52 €

Laut Aufgabe ist auf volle Tausend Euro aufzurunden: **326.000,00 €**

Die Baudurchführung   B3

3.2.2

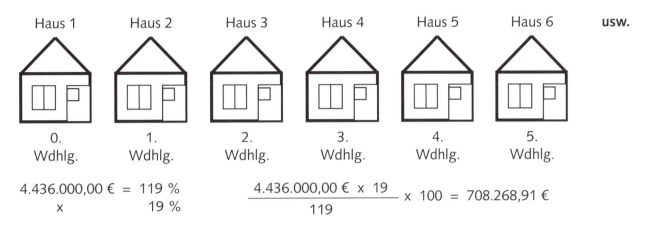

4.436.000,00 € = 119 % $\dfrac{4.436.000,00\ € \times 19}{119} \times 100 = 708.268,91\ €$
x   19 %

4.436.000,00
−   708.268,91
3.727.731,09 € anrechenbare Kosten für alle 17 Häuser

3.727.731,09 : 17 = 219.278,30 € Kosten für ein Haus

Interpolieren: 200.000,00 = 27.863,00 €
                           300.000,00 = 39.981,00 €
                           100.000,00 = 12.118,00 €

Differenz vom Honorarsatz: 200.000,00 € zu
                                    219.278,30 €
                                      19.278,30 €

Dreisatz zur Errechnung des Honorars aus dem Ergebnis des Interpolierens

100.000,00 = 12.118,00 $\dfrac{19.278,30\ € \times 12.118,00}{100.000,00} = 2.336,14\ €$
 19.278,30 =   x

    27.863,00
+   2.336,14
    30.199,14 € Honorar bei 100 % LP für 1 Haus

B3   Die Baudurchführung

Berechnung des Honorars für 17 Häuser

1. Haus 30.199,14 € x 43 % LP   = 12.985,63 €

1. – 4.	Wiederholung	30.199,14	x	50 %	=	15.099,57 €
		15.099,57	x	43 %	=	6.492,82 €
		6.492,82	x	4 Häuser	=	25.971,28 €
5. – 7.	Wiederholung	30.199,14	x	40 %	=	12.079,66 €
		12.079,66	x	43 %	=	5.194,25 €
		5.194,25	x	3 Häuser	=	15.582,75 €
8. – 16.	Wiederholung	30.199,14	x	10 %	=	3.019,91 €
		3.019,91	x	43 %	=	1.298,56 €
		1.298,56	x	9 Häuser	=	11.687,04 €

Gesamthonorar des Architekten:

```
      12.985,63 €
  +   25.971,28 €
  +   15.582,75 €
  +   11.687,04 €
─────────────────
      66.226,70 €  x 19 % Ust  =  12.583,07 €
  +   12.583,07 €
─────────────────
      78.809,77 €  Honorar mit Ust  für den Architekten
  +    7.140,00 €  Nebenkosten mit Ust
─────────────────
      85.949,77 €
```

3.2.2.1

Übernahme der Kostenberechnung aus Aufgabe 3.2.2 für 1 Haus bei 100 % der LP

30.199,14 €

LP 1 – 2	=	9 %	nach HOAI § 11	50 %	1 – 4	Wiederholungen
LP 6	=	10 %		40 %	5 – 7	Wiederholungen
LP 7 – 9	=	38 %		10 %	8 – 16	Wiederholungen
LP 7 – 9	werden zu 100 %gerechnet					

Die Baudurchführung

B3

Berechnung

30.199,14 €	x	57 %	=	<u>17.213,51 €</u>	für das 1. Haus

1. – 4.   Wiederholung

30.199,14 €   x   50 %   =   15.099,57 €

15.099,57 €	x	19 %	=	2.868,92 €
30.199,14 €	x	38 %	=	11.475,67 €
				14.344,59 €
14.344,59 €	x	4 Häuser	=	<u>57.378,36 €</u>

5. – 7.   Wiederholung

30.199,14 €   x   40 %   =   12.079,66 €

12.079,66 €	x	19 %	=	2.295,14 €
30.199,14 €	x	38 %	=	11.475,67 €
				13.770,81 €
13.770,81 €	x	3 Häuser	=	<u>41.312,43 €</u>

8. – 16.   Wiederholung

30.199,14 €   x   10 %   =   3.019,91 €

3.019,91 €	x	19 %	=	573,78 €
30.199,14 €	x	38 %	=	11.475,67 €
				12.049,45 €
12.049,45 €	x	9 Häuser	=	<u>108.445,05 €</u>

Gesamtkosten des Bauträgers

17.213,51 €				
57.378,36 €				
41.312,43 €				
<u>108.445,05 €</u>				
224.349,35 €	x	19 % Ust	=	42.626,38 €
<u>42.626,38 €</u>				
266.975,73 €		betragen die Kosten des Bauträgers		

©U-Form Verlag – Kopieren verboten!

| B3 | Die Baudurchführung |

3.2.2.2

Kosten für 1 Haus als Verkaufspreis + 5,95 % Provision

Die Verkaufspreise sind immer Nettobeträge (Grundstücke/Häuser werden ohne USt. verkauft)

Kosten:

	Baukosten	=	219.278,30 €
+	Arch.kosten	=	3.895,69 €
+	Nebenkosten des Architekten	=	352,94 €
			223.526,93 € x 5,95 % = 13.299,85 €

Der Bauträger verkauft das Haus für **236.826,78 €**.

Im Verkaufspreis ist die Provision mit berechnet (= Innenprovision).

NR.: für Architektenkosten muss das Gesamthonorar durch 17 Häuser geteilt werden

66.226,70 € : 17 Häuser = 3.895,69 €

die Nebenkosten müssen auch durch 17 Häuser geteilt werden

6.000,00 € : 17 = 352,94 €

3.2.2.3

Der Käufer hat noch Grundsteuer, Grunderwerbssteuer sowie Gerichts- und Notarkosten aufzubringen.

Weiterhin sollte der Eigentümer noch Versicherungen abschließen

- verbundene Wohn- und Gebäudeversicherung
- Grundbesitzerhaftpflichtversicherung

	B3
Die Baudurchführung	

3.2.2.4

a) **Alte Berechnung**

Baukosten	9.876.000,00 €
Darin enthaltene BNK	1.230.000,00 €
Erschließungskosten	540.000,00 €

Honorarzone III Höchstbetrag wurde vergeben
LP gemäß § 35 HOAI
Nicht vergeben   LP 6 Vorbereitung der Vergabe   10 %
                 LP 7 Mitwirkung bei der Vergabe   4 %
                                                     14 %

100 % alle LP – 14 % = 86 %

Honorarberechnung gemäß Vertrag: Kosten 9.876.000,00 €

7.500.000,00	=	856.648,00 €
10.000.000,00	=	1.107.012,00 €
2.500.000,00	=	250.364,00 €

Differenz zwischen	7.500.000,00 €
und	9.876.000,00 €
	2.376.000,00 €

2.500.000,00	=	250.364,00 €
2.376.000,00	=	X
X =		237.945,95 €

Honorar	856.648,00 €
+	237.945,95 €
	1.094.593,95 € (= 100 %)

1.094.593,95 x 86 %	=	941.350,80 €
+ 19 % USt.	=	178.856,65 €
		1.120.207,45 €

Das Unternehmen hat dem Architekten Steinkamp & Partner 1.120.207,45 € brutto gezahlt.

b) **1. Fehler:**

Das Unternehmen hätte die Erschließungskosten aus den Gesamtbaukosten herausrechnen müssen.

9.876.000,00 € – 540.000,00 €
Baukosten = 9.336.000,00 €

2. Fehler:

Für Wohnungsbau wird Honorarzone III Mindestbetrag vergeben (§ 7 Abs. 5)
Die Baumaßnahme entspricht dem Durchschnittsbauwert.

B3 Die Baudurchführung

c) **Neue Berechnung**

9.336.000,00 € (die Erschließungskosten sind herausgerechnet)

Honorarzone III/Mindestbetrag
LP 86 %

7.500.000,00	=	686.862,00 €
10.000.000,00	=	887.604,00 €
2.500.000,00	=	200.742,00 €

Differenz zwischen		7.500.000,00 €
und		9.336.000,00 €
		1.836.000,00 €

2.500.000,00	=	200.742,00 €
1.836.000,00	=	X
X =		147.424,92 €

Honorar		686.862,00 €
+		147.424,92 €
		834.286,92 € (= 100 %)

834.286,92 € x 86 %	=	717.486,75 €
+ 19 % USt.	=	136.322,48 €
		853.809,23 €

Das zu zahlende Honorar an die Architekten betrug 853.809,23 €.

d) Die Wirtschaftsprüfer werden hier den Verlust von 266.398,20 € kritisch werten und Sanktionen gegenüber dem Unternehmen beantragen. Generell wird der Betrag als Verlust abgeschrieben.

Die Baudurchführung	B3

3.3 Der Bauvertrag

3.3.1 Die Eckpunkte eines Bauvertrages sind:

Bauvorhaben
Auftraggeber/ Auftragnehmer ⎱ allg. Daten des Vertrages
Anschriften, Tel. Fax.

1. Vertragsgegenstand

   Gegenstand der Verhandlungen sind:

   – das Angebot vom . . . . mit Annahme der Geschäftsbedingungen

   – Leistungsverzeichnis

   – Bauzeichnungspläne komplett

   – Bodengutachten

   – VOB/B, VOB/C Auszug

1.1 Die angebotenen Einheitspreise sind Festpreise bis zum . . . .

1.2 Die Abrechnung erfolgt nach Aufmaß und Baufortschritt in 4 Abschlagszahlungen
   1 Schlussrechnung nach Abnahme

2. Ausführungsarbeiten

2.1 Der AN hat noch folgende Unterlagen dem AG zu übergeben

   . . . .

   . . . .

2.2 Dem AN werden vom AG noch folgende zusätzliche Unterlagen übergeben

   . . . .

   . . . .

3. Ausführungsfristen

   Mit der Ausführung der Arbeiten ist am . . . . zu beginnen

3.1 Die Leistungen sind bis zum . . . . fertig zu stellen

3.2 Die festgelegten Termine, auch Zwischentermine, gelten als Vertragstermine

3.3 Einzelfristen für . . . .

   Einzelfristen für . . . .

4. Vertragsstrafe

   Bei schuldhafter Überschreitung der Vertragsfristen werden für jeden Werktag der Überschreitung . . . . € als Vertragsstrafe fällig.

5. Versicherungen

   Es wurde eine Bauleistungsversicherung abgeschlossen, die Selbstbeteiligung des AN beträgt je Schadensfall . . . . %

5.1 Der AN hat sich mit . . . . € an der Geldprämie zu beteiligen. Eine Kopie der Police wird ausgehändigt

5.2 Der AN hat eine Betriebshaftpflichtversicherung abzuschließen und die Kopie der Police vorzulegen

©U-Form Verlag – Kopieren verboten!

B3 Die Baudurchführung

6. Abnahme nach VOB/B § 12
7. Gewährleistung

   Die Gewährleistungsfrist beträgt nach BGB 5 Jahre, sie beginnt mit der Abnahme der Bauleistung
8. Zahlung

   Es wird von jeder Abschlagszahlung und Schlusszahlung 10 % als Sicherheitsleistung einbehalten.

   Mit Vorlage der selbstschuldnerischen Bürgschaft für 5 Jahre wird der Sicherheitsbetrag verzinst ausgezahlt
9. Sonstige Vereinbarungen
10. Vertragspreis

    Die Vergütung beträgt gemäß Angebot vom . . . . , in Höhe von . . . . €
10.1 Ein Preisnachlass von . . . .% wird vereinbart
10.2 Der Vertragspreis enthält keine gesetzliche Ust. Die Ust ist zusätzlich zu vergüten.
11. Der AN erklärt, dass die ihm zur Verfügung gestellten Unterlagen, Pläne ausreichend sind um den Bauvertrag zu erfüllen.

Unterschriften AG und AN

Datum

| Die Baudurchführung | B3 |

3.3.2

Vertragserfüllungsbürgschaft

Die Firma

....

Name und Anschrift des Auftragnehmers

hat am .... mit

....

Name und Anschrift des Auftraggebers

einen Vertrag für das Bauvorhaben

....

Ort

zur Ausführung der dort näher bezeichneten Bauleistungen abgeschlossen. Auf Grund der Vereinbarungen im Bauvertrag ist der Auftragnehmer verpflichtet, für die vertragsgemäße Ausführung der ihm übertragenen Leistungen einschließlich der Abrechnung dem Auftraggeber eine Bürgschaft in Höhe von .... % der Auftragssumme zu stellen.

Dies vorausgeschickt, übernehmen wir

....

Name und Anschrift des Bürgen

für den Auftragnehmer gegenüber dem Auftraggeber die selbstschuldnerische Bürgschaft und verpflichten uns, jeden Betrag bis zur Gesamthöhe von
.... Euro

an den Auftraggeber zu zahlen, sofern der Auftragnehmer seine Verpflichtungen aus dem Bauvertrag nicht oder nicht vollständig erfüllt. Auf Einreden der Anfechtung und der Aufrechnung sowie der Vorausklage wird verzichtet (§§ 770, 771 BGB). Wir können nur auf Geld in Anspruch genommen werden. Unsere Verpflichtung erlischt mit der Rückgabe dieser Urkunde. Eine Hinterlegung ist ausgeschlossen.

...................., den ...., den ....

....

Unterschrift des Bürgen

3.3.3

Die Gewährleistungsansprüche auf Bauleistungen nach VOB müssen innerhalb von **4 Jahren** geltend gemacht werden.

Es kann aber auch im Vertrag vereinbart werden, dass die Gewährleistungsansprüche nach BGB auf **5 Jahre** festgelegt werden.

| B3 | Die Baudurchführung |

3.3.4

Der Architekt haftet dafür, dass das Bauwerk keine Planungsfehler aufweist.

Der Architekt hat eine Einstandspflicht für Mängel. Der Auftraggeber hat als Primärrecht einen Anspruch auf Nacherfüllung.

Der Architekt hat für sein Werk ein Urheberrecht, das sich zum einen als Entstehungsrecht und zum anderen als Verbot der Mehrfachverwertung durch den Bauherrn äußert.

3.4 Versicherungen der Baudurchführung

3.4.1

Die Bauherrenhaftpflichtversicherung

Der Bauherr ist für Schäden verantwortlich, die anderen durch die Errichtung seines Bauwerks entstehen. Wenn Dritte, wie beispielsweise Passanten, Nachbarn oder Besucher, Schadenersatzansprüche gegen den Bauherrn haben, werden diese von der Bauherrenhaftpflichtversicherung übernommen.

Folgende Fälle sind beispielsweise denkbar:

– Ein Gerüst stürzt ein oder Baumaterial stürzt vom Gerüst herab und verletzt Besucher oder Passanten.

– Bei einer Baustellenbesichtigung fällt ein Besucher hin, weil die Baustelle nicht genügend gesichert war, und bricht sich den Arm.

– Ein Kind spielt auf der Baustelle und wird verletzt.

– Im Dunkeln verletzt sich ein Passant, weil die Zufahrt zur Baustelle nicht ausreichend gesichert worden ist oder weil Baumaterial auf dem Fußweg gelagert worden ist.

3.4.2

Lösung **5.** ist **richtig.**

Die Situation beschreibt, dass einem Passanten ein Schadenersatzanspruch gegen den Bauherrn entsteht. Diesen Schaden übernimmt die Bauherrenhaftpflichtversicherung.

| Die Baudurchführung | **B3** |

3.4.3

Lösung **2.** ist **richtig.**

Die Bauleistungsversicherung (auch: Bauwesen-Versicherung)

Die Bauleistungsversicherung übernimmt Schäden, die dem Bauherrn während der Bauzeit durch unvorhergesehene Beschädigungen und Zerstörungen der versicherten Bauleistungen entstehen. Außerdem ist der Diebstahl von eingebauten Materialien versichert.

Folgende Schäden werden beispielsweise durch die Versicherung abgedeckt:

- Während der Bauzeit werfen Unbekannte Fensterscheiben ein und/oder richten Schäden an der Fassade an.
- Bereits eingebaute Sanitäranlagen (Waschbecken, Heizkörper, u. a.) werden von Unbekannten gestohlen.
- Durch Sturm oder Hagel wird ein am Vortag eingedecktes Dach wieder abgedeckt.
- Durch einen Wasserrohrbruch wird ein bereits verlegter Parkettboden beschädigt.
- Eine Betondecke stürzt während des Betonierens ein.

(Die Wohngebäudeversicherung wird für fertiggestellte Gebäude abgeschlossen.)

3.4.4

Ein Besitzer von vermietetem Wohneigentum sowie von unbebauten Grundstücken sollte nachstehende Versicherungen besitzen:

Haus- und Grundbesitzerhaftpflichtversicherung

Für privat genutztes Wohneigentum lohnt sich in der Regel der Abschluss dieser Versicherung nicht, er sollte eine private Haftpflichtversicherung abschließen.

Verbundene Wohngebäudeversicherung (auch als nur Gebäudeversicherung bezeichnet)

Sie dient der Absicherung des gesamten Gebäudes sowie dem Grund und Boden, auf dem dieses steht. Die verbundene Wohngebäudeversicherung beinhaltet den Schaden, der durch Feuer, Wasser (Leitungswasser) und Sturm verursacht wurde, aber auch Einbruch- und Diebstahlsschaden.

Hochwasser muss gesondert versichert werden. Ob die Versicherung für diesen Elementarschaden eine Versicherung anbietet, ist von der Lage, Ort des Objektes abhängig. Auch Glasversicherungen sind gesondert zu betrachten.

Die **Gewässerschadenhaftpflichtversicherung** wird auch oft als „Öltankhaftpflicht" bezeichnet. Sie kommt für Immobilienbesitzer in Frage, deren Gebäude mit einer Ölheizung ausgestattet ist. Durch auslaufendes Öl, welches im Öltank zur Befeuerung der Heizung gelagert wird, können erhebliche Schäden des Erdreiches entstehen.

Feuerrohbauversicherung – auch Rohbauversicherung genannt – ist absolut notwendig bei einem Neubau eines Wohngebäudes, Stallungen, Lagerhallen usw.

Sie versichert Schäden, welche in der Bauphase durch Feuer, Explosion und Blitzschlag entstanden sind.

Nach Abschluss der Baumaßnahme geht diese Versicherungsart in die verbundene Wohngebäudeversicherung über.

Jede Baustelle birgt ein hohes Gefahrenpotential hinsichtlich der Schäden, die Dritte an ihrer Gesundheit, ihrem Vermögen oder ihren Sachen entstehen können. Für die Schäden ist der Bauherr verantwortlich.

Deshalb ist der Abschluss einer **Bauherrenhaftpflichtversicherung** für die Zeit von großer Wichtigkeit. Der Abschluss der vorgenannten Versicherung ist notwendig, wenn die Bausumme über der Grenze von 50.000,00 € liegt.

©U-Form Verlag – Kopieren verboten!

B3	Die Baudurchführung

Ein Schaden der aufgetreten ist, wenn beim Eindecken des Daches Ziegel herunterfallen und das parkende Auto beschädigen, deckt diese Versicherung.

Ein Unternehmen allgemein kann noch eine **Vermögensversicherung** und eine **Rechtsschutzversicherung** abschließen.

3.4.5

Die Versicherung zahlt bei einem Schaden immer nur nach den vereinbarten Versicherungswerten. Wir unterscheiden nachstehende Versicherungswerte:

Neuwert

Die Versicherungssumme wird nach dem Neuwert festgelegt.
Der Versicherte erhält einen Schadenersatz in Höhe des maximalen Betrags, wie viel der Versicherungswert nach Errichtung des Gebäudes betrug.
Preissteigerung für Baukosten, Baunebenkosten bleiben unberücksichtigt.

Zeitwert

Hier wird der Reparaturstau vom Neuwert abgezogen.
Die Versicherung zahlt nur den zur Zeit des Schadens ermittelten Verkehrswert.

Gemeiner Wert

Das ist der Wert, welcher bei einem Verkauf erzielt werden kann.
Auch hier wird von einem Gutachten der Ertragswert oder Sachwert errechnet.

Gleitender Neuwert

Hier soll einer Unterversicherung entgegengewirkt werden.
Der Neuwert wird auf das Basisjahr 1914 zurückgerechnet, darüber werden dann die Versicherungsprämie und der aktuelle Neuwert ermittelt.
Den Versicherungswert von 1914 definiert man im Allgemeinen nach dem ortsüblichen Neubauwert des Gebäudes entsprechend seiner Größe/Ausstattung und des Ausbaus nach den Preisen von 1914.

Jede Versicherung wird dem Eigentümer raten, eine Versicherung für Wohngebäude zum **gleitenden Neuwert** abzuschließen.

Da die ABC-Wohnungsbau GmbH schon lange Vertragspartner der „Sachsen Assekuranz" ist, wird das Versicherungsunternehmen wahrscheinlich einen Nachlass nach dem Alter des Gebäudes gewähren. Durch die Sanierung wird das Alter des Gebäudes zurückgestuft.

104   ©U-Form Verlag – Kopieren verboten!

| Modernisierungs- und Sanierungsaufgaben | B4 |

4 Modernisierungs- und Sanierungsaufgaben

4.1

a) Der Einbau einer Heizung verursacht Kosten für die Anschaffung plus laufende Energiekosten (Grundkosten und Arbeitspreis). Die Höhe der Energiekosten bestimmt der Energieversorger. Außerdem fallen noch Wartungskosten an.

Diese Kosten können vermindert werden, da im vorliegenden Fall der Contractor die Anlage baut (Full-Contracting) und auch alle Kosten trägt.

Der Vorteil des Contracting besteht insbesondere darin, dass alle Aufgaben und das gesamte Risiko (z. B. außerplanmäßige Reparaturarbeiten) der Contractor übernimmt - er ist ein Dienstleister.

Nach Mietrechtsänderungsgesetz dürfen die Kosten für die Wärmeversorgung und Warmwasser sich nicht erhöhen. Da die neue Heizung effizienter ist, und ein Einsparvertrag besteht, werden Heizkosten dauerhaft gesenkt.

Ein weiterer Vorteil ist hier, dass die Stadt der Auftraggeber ist und der Eigentümer auch keine Vertragsbesonderheiten beachten muss.

Der Vermieter leistet mit dem Contracting einen wertvollen Beitrag zum effizienten und wirtschaftlichen Weg des Klimaschutzes und der Ressourcenschonung.

So können, ausgehend von einem Energiepotential von 50 KWh/m² und Jahr an Wärme und 5 KWh/m² pro Jahr an Strom rund 300.000 t CO_2 pro Jahr im öffentlichen Gebäudebestand in Leipzig eingespart werden (Info aus einer öffentlichen Tagung der Stadtwerke Leipzig).

b) Vorteil für den Mieter:

Nach der Umstellung der Wärmelieferung auf den Dienstleister „Stadtwerke" werden die Energie- und Warmwasserkosten deutlich sinken, da die Einsparung der Primärenergie und Endenergie eine dauerhafte Energieeinsparung mit sich bringt.

4.2

a) Das Umlegen der Kosten für Erhaltungsmaßnahmen bzw. Instandsetzungsmaßnahmen war auch vor dem in Kraft treten des Mietänderungsgesetzes vom 01.05.2013 nicht möglich.
Dazu gab es zahlreiche Rechtsprechungen.

Herr Paul Schnell braucht sich keine Gedanken machen, dass die in der Modernisierungsankündigung aufgeführten Instandhaltungs-/Instandsetzungsmaßnahmen mit 11 % der Kosten umgelegt werden.

b) Die neue gesetzliche Regel ist in § 559 Abs. 2 BGB n.F. ausdrücklich festgeschrieben. Da der Vermieter nur die reinen Modernisierungskosten in einer Mieterhöhung nach § 559 geltend machen kann, muss er die Instandhaltungskosten aus den Gesamt-Baukosten herausrechnen. Dabei muss er sie nicht mehr (weil oft unmöglich oder mit unzumutbar hohem Aufwand verbunden) tatsächlich genau berechnen, sondern kann sie „soweit erforderlich, durch Schätzung" ermitteln.

©U-Form Verlag – Kopieren verboten!

B4 Modernisierungs- und Sanierungsaufgaben

4.3

a)

Gesamtkosten	2.087.600,00 €
IH/IS – Kosten	80.000,00 €
anrechenbare Kosten	2.007.600,00 €

2.007.600,00 € x 11 % = 220.836,00 € Umlagekosten

Zinsberechnung

Bankzinsen	3 %	
– Darlehenszinsen	1,5 %	
= Einsparung von	1,5 %	Zinsen

1.500.000,00 € Darlehen x 1,5 % Zinsen = 22.500,00 € Einsparung an Zinsen

Die Einsparungen müssen nach Neubaumietenverordnung § 5 dem Mieter zugutekommen. Deshalb werden die Zinseinsparungen von den Umlagekosten abgezogen

220.836,00 € – 22.500,00 € = 198.336,00 € **neue Umlagekosten**

Für die Berechnung der Mieten kann die ABC-Wohnungsbau GmbH 198.336,00 € Umlagekosten ansetzen.

b)

198.336,00 € : 1.250 m² : 12 Monate = 13,22 €

13,22 € beträgt die neue Miete pro m² für die komplett sanierte Wohnung

13,22 €/m² x 65 m² = 859,30 € pro Monat

Betriebskosten neu:

1,10 €/m² x 65 m² = 71,50 €

Heizkosten neu:

1,19 €/m² x 65 m² = 77,35 €

Die neue Miete für Herrn Schnell beträgt nach der umfangreichen Sanierung

	859,30 €	
+	71,50 €	BK
+	77,35 €	HK
	1.008,15 €	

Fallbeispiel: Begleitung von Bauvorhaben

B5

5 Fallbeispiel

5.1

- Ein vorlageberechtigter Entwurfsverfasser (kann auch der Architekt sein)
- Der Bauherr

Erläuterung:

Im Normalfall ist für das Erstellen eines Bauantrags ein vorlageberechtigter Entwurfsverfasser (Architekt, Bauingenieur, in einigen Bundesländern auch Meister des Maurer- und Betonbauer- sowie des Zimmererhandwerks und staatlich geprüfte Bautechniker; Vorlageberechtigung durch entsprechende Eintragung bei der Kammer) erforderlich, der die Pläne, die Antragsformulare und die sonstigen Unterlagen mit unterschreibt und stempelt.

Des Weiteren muss der Bauherr als Antragsteller den Bauantrag unterzeichnen. Der Bauherr kann mit den Bauarbeiten beginnen, sobald er die Baugenehmigung erhalten hat.

5.2

a)

- Firmenanschrift mit Adresse, E-Mail, Tel. Nr.
- Bauvorhaben, Ort
- Anrede
- Art der Vergabe
- Zeitraum der Bauleistungen von/ bis
- Digitale Angebote sind zugelassen, entbindet nicht von der schriftlichen Einreichung
- umfangreiche Bauunterlagen, z. B. Bodengutachten, können angesehen werden
- Euro-Betrag für die Aushändigung der Unterlagen, als Verrechnungsscheck
- Submissionstermin, Uhrzeit, Ort
- Hinweise zum Ausfüllen der Vergabeunterlagen
  - z. B. – rechtsverbindliche Unterschrift
    - – Umschlag der Vergabeunterlagen muss verschlossen und beschriftet sein
    - – Bieter kann sich zum Eröffnungstermin vertreten lassen
    - – bis zum Eröffnungstermin kann das Angebot zurückgezogen werden
- Die Zuschlagsfrist beträgt 30 Tage ab Eröffnungstermin
- Angaben müssen in der Landessprache abgefasst sein und die Preise sind in € anzugeben
- Anlagen, z. B. Leistungsverzeichnis
- Unterschrift

©U-Form Verlag – Kopieren verboten!

| B5 | Fallbeispiel: Begleitung von Bauvorhaben |

b)

1. Schritt:

Contracting-Eignung prüfen

- Basisdaten erfassen
- Strom- und Brennstoffberechnungen
- Flächenangaben

2. Schritt:

Machbarkeitsstudie

- Wirtschaftlichkeit errechnen
- Know-how der Firma checken
- Referenzobjekte bewerten
- Einsparungen von Primärenergie und Errechnung der Heiz-/Warmwasserkosten pro m²Wfl

3. Schritt:

Ausschreibung vorbereiten

- die komplexen Anforderungen an die beschränkte Ausschreibung beachten
- Submissionstermin abstimmen
- Auswertung der Angebote
- Vertragsverhandlungen prüfen

4. Schritt:

Vertragsmanagement

Nach Abschluss eines Energieeinspar-Contractingvertrages sind die Abrechnungen und Leistungen zu prüfen und die Einhaltung des Vertrages zu überwachen

---

5.3

Das Submissionsverfahren wird nach § 14 VOB/A durchgeführt.

1. Der Versammlungsleiter eröffnet um 11.00 Uhr, die Angebotsfrist ist abgelaufen
2. Beginn der Öffnung und Verlesung der Angebote der einzelnen Bieter
   - Name der Firma
   - Preis
   - Nebenangebote/Abgebote
   - Muster/Proben müssen vorliegen
3. Anfertigung einer Niederschrift
4. Verlesung der Niederschrift mit Beginn und Ende (Uhrzeit)
5. Unterschriftsleistung aller anwesenden Bieter zur Richtigkeit der Niederschrift
6. Zuschlagsfrist beginnt und hat eine Prüfungsfrist von 30 Kalendertagen
7. alle Unterlagen sind aufzubewahren oder zurückzusenden

Fallbeispiel: Begleitung von Bauvorhaben　　　B5

5.4

a) Zum 01.05.2013 ist das Mietrechtsänderungsgesetz in Kraft getreten, welches auf die Immobilienwirtschaft eine starke Auswirkung hat.

Die Regelungen zum Contracting (§ 556 c Abs.1, 2 und 4) sind zum 01.06.2013 in Kraft getreten.

Wesentliche Veränderungen der § des BGB sind für energetische Maßnahmen:

§ 536 1a

§ 554 ist entfallen

§ 555b Abs. 1 und

§ 555c und § 555f

§ 556 c

b) Die Wohnungsunternehmen müssen zunehmend andere Energieträger für Strom und Wärme nutzen z. B.

– Photovoltaikanlagen zur Stromerzeugung

– Solarkollektoren zur Wärmeaufbereitung

– Holzpelletheizung zur Wärmeaufbereitung

– Erdwärme zur Wärmeaufbereitung

– Windenergie zur Stromerzeugung

Gegenwärtig nutzen 20 – 25 % in Deutschland den erneuerbaren Energieträger Holz zur Beheizung (Stand 2013).

c) Jeder Mieter kann vom Vermieter verlangen, dass das Haus in welches er einzieht, einen Energieausweis hat. Der Vermieter muss dem Mieter bei Neuvermietung den Ausweis vorlegen. Für einen Verkauf eines Gebäudes trifft das gleichfalls zu.

Die Gebäudehülle, Fenster, Außenwand, Dach, Decken müssen mehr Dämmstoffdicke aufweisen und einen hohen g-Wert haben

– Geschossdecke soll mind. 12 cm dick gedämmt sein

– 18 – 20 cm sind besser und führen zu einer deutlichen Energieeinsparung für den Mieter

– ein Schrägdach – ausgebautes Dachgeschoss muss eine Untersparrendämmung von 20 – 24 cm Dicke haben

– Mauerkronen sollen mind. 6 – 8 cm Dämmstoff haben, da sie die Schwachstellen am Gebäude sind.

Bei der Fensterglasisolierung sind unterschiedliche Aspekte zu beachten:

– Nordfenster müssen eine bessere Dämmung aufweisen als Südfenster

– Südfenster dagegen einen hohen g-Wert besitzen, damit das Sonnenlicht gut eindringen kann, um das Haus zu erwärmen

– Wärmeschutzverglasung : 0,50 – 0,65 %

– Dreifachverglasung hat eine Wärmedämmfähigkeit von ca. 85 % gegenüber einer Einfachverglasung. Sie muss als U-Wert angegeben werden.

d) Der Primärenergiebedarf ist der Energiebedarf der gesamten Haustechnik, Haushaltstrom, Heizung, Luftstrom, Warmwasseraufbereitung.

Ihre Notizen

Finanzierung   C

Finanzierung

1 Finanzierungsplanung
2 Vergleich von Darlehensangeboten
3 Gebäudeabschreibung
4 Steuern

Ihre Notizen

Finanzierung   C1

1.1 Finanzierungsmittel und Tilgungspläne für Immobilienunternehmen

1.1.1

a) – Annuitäten- oder Tilgungsdarlehen
  – Abzahlungs- oder Ratenzahlungsdarlehen
  – Fest- oder Endfälligkeitsdarlehen

b) Das Darlehen ist eine besondere Form des Kredites - in der wirtschaftlichen Praxis haben sich dabei die unter a) benannten Darlehensarten ausgebildet. Diese unterscheiden sich hinsichtlich der Tilgungsmodalitäten, also der Gestaltung der Rückzahlungen und der Leistung der Zinsen deutlich.

Im privaten Bereich wird das Tilgungsdarlehen sehr oft von den Banken angeboten, in der Wirtschaft das Annuitätendarlehen.

Annuitätendarlehen:

Bei dieser Form ändert sich die Tilgungsrate. Anfangs tilgen Sie einen niedrigen, später einen höheren Betrag. Zinsen und Tilgung = Annuität, diese bleibt über die Laufzeit gleich. Ändert die Bank, nach der Festschreibungszeit, die Zinsen, muss die Annuität neu berechnet werden.

Vorteil: gleichbleibender Kapitaldienst, niedrige Anfangsbelastung

Nachteil: Anteil der abzugsfähigen Zinsen sinkt

Tilgungsdarlehen:

Auch Abzahlungsdarlehen genannt. Bei dieser Form wird lediglich die Tilgungsrate fest vereinbart. Die konkret zu erbringende Tilgungsleistung besteht aus einem im Voraus vereinbarten Tilgungssatz und einem Zinsteil, der sich aus der Summe der Restschuld errechnet. Die Restschuld wird mit jeder Tilgung geringer und somit auch die darauf entfallenden Zinsen.

Vorteil: es kann mit ständig fallenden Belastungen gerechnet werden

Nachteil: hohe Anfangsbelastung

Ratenzahlungsdarlehen:

Auch Ratentilgungsdarlehen genannt. Hier gibt es keinen Zusammenhang zwischen Zahlungsvereinbarung und Vereinbarung der Tilgungsrate.

Finden Kreditnehmer eine Bank, die Tilgungsdarlehen anbietet, können in der Regel für das o.g. Darlehen individuelle Vereinbarungen abgeschlossen werden, z. B. unterschiedliche Fälligkeitstermine oder ein fester jährlicher Tilgungsbetrag ohne prozentualen Bezug zur Kreditsumme.

Vorteil: Wenn der Kreditnehmer nicht gleich am Anfang eine hohe Belastung haben möchte; wird von Immobilienunternehmen genutzt, wenn das Unternehmen Anlagevermögen in Kürze verkaufen will.

Nachteil: Nur für wenige Darlehensnehmer geeignet. Stabile Einkommensverhältnisse oder wenig Leerstand = hohe Mieteinnahmen.

Endfälligkeitsdarlehen:

Auch Festdarlehen genannt. In diesem Fall tilgt der Darlehensnehmer während der gesamten Laufzeit keine Geldsumme. Es müssen nur die Zinsen, welche fest vereinbart, gezahlt werden.

Vorteil: Geringe Belastung über die gesamte Laufzeit. Nutzung für eine Zwischenfinanzierung.

Nachteil: Die Banken vergeben diesen Kredit nur unter bestimmten Auflagen
(z. B. 100 % Sicherung der Rückzahlung z. B. durch Verkauf von Anlagevermögen).

©U-Form Verlag – Kopieren verboten!

C1	**Finanzierung**

1.1.2

Rückzahlung 31.10.20xx	257.714,75 €
Anfangskapital	254.000,00 €
Zinsen	3.714,75 €

$$\text{Tage} = \frac{\text{Zinsen x 360 Tage x 100}}{\text{Kapital x Zinssatz}}$$

$$\frac{3.714,75 \text{ € x 360 Tage x 100}}{254.000,00 \text{ € x 6,75 \%}} = 78 \text{ Tage}$$

Oktober	30 Tage
September	30 Tage
August	18 Tage

Verbleiben im August noch 12 Tage: Das Darlehen wurde somit am **12.08.20xx** aufgenommen.

1.1.3

a) Die Geschäftsleitung könnte z. B. folgende Fragen stellen:
   - Bei welcher Bank gibt es die günstigsten Bauzinsen und Prognosen?
   - Steigen die Bauzinsen aktuell?
   - Gehen die Bauzinsen weiter runter?
   - Wie flexibel sollte die Baufinanzierung sein?
   - Wieviel Eigenkapital muss das Unternehmen aufbringen?
   - Sollte ein Forward Darlehen zur Zinsabsicherung bei der Hypothekenbank beantragt werden?

b) Bei Immobilienkrediten, die über einen langen Zeitraum laufen, bindet sich die Bank/Unternehmen nicht bis zum Ende des Kredits. Die Zinsbindung liegt, bedingt durch den niedrigen Sollzins, nur bei 10 Jahren, abhängig von der Gesamtlaufzeit.
   Gegenwärtig werden Hypothekenbauzinsen als Standardfinanzierung zwischen 1,60 % bis 1,85 % vergeben.
   Die Tilgung sollte immer dem finanziellen Rahmen entsprechen, den das Unternehmen zur Verfügung hat. Zurzeit gelten 2 % als ideal, die Anfangstilgung könnte auch für 2 – 3 Jahre auf 1 % der Darlehenssumme vereinbart werden.
   Der Beleihungswert der Hypothekenbank liegt zwischen 60 und 80 %. Um die Beleihung festzulegen, wird die Bank den Verkehrswert der Immobilien mit einbeziehen und das vorhandene Eigenkapital sowie die Rücklagen prüfen.
   Pauschal kann man sagen, je mehr Finanzierung selbst eingebracht wird, desto besser wird die Bank die Zinskonditionen anbieten.

c)

1.200.000 € x 1,60 %	=	19.200,00 € Zinsaufwendungen
1.200.000 € x 2 %	=	24.000,00 € Tilgungsaufwand
		43.200,00 € Gesamtaufwand

Das Unternehmen muss für die Laufzeit der Zins-/Tilgungsfestschreibung p.a. 43.200,00 € Aufwendungen aufbringen.

		C1
Finanzierung		

1.1.4

a)

	laufendes Jahr	Folgejahr
Gewinn vor KöSt	1.000.000,00 €	1.000.000,00 €
Zuführung zur Rückstellung	–	500.000,00 €
Gewinn nach Rückstellung	1.000.000,00 €	500.000,00 €
- 40 % KöSt	400.000,00 €	200.000,00 €
Ergebnis nach Steuer	600.000,00 €	300.000,00 €

b)

	Gewinn vor Steuer	1.000.000,00 €
–	Gewerbeertragssteuer von 13,04 % (1.000.000,00 x 13,04 %)	130.400,00 €
=	KöSt-pflichtiger Gewinn	869.600,00 €
–	40 % KöSt	347.840,00 €
=	Nettobetrag der Selbstfinanzierung	521.760,00 €

1.2 Finanzierung eines Grundstücks mit Gebäude

1.2.1

a)

	486.760,00 €	Kaufpreis
+	7.301,40 €	Notar/Gerichtskosten (1,5 %)
+	17.036,60 €	Grunderwerbssteuer (3,5 %)
+	34.754,66 €	Provision (7,14 %)
+	2.376,00 €	Anschaffungsnebenkosten
=	**548.228,66 €**	

Beleihungsgrenze der Bank ist zzt. 60 % des Kredites (§ 16 PfandGB)
548.228,66 € x 60 % = **328.937,20 €**

b) Ein Kreditinstitut kann aufgrund der Bonität des Antragstellers die Beleihungsgrenze höher ansetzen. Fam. Birkenstock verfügt über ein EK von 120.260,00 €. Hier wird die Hausbank den Beleihungswert auf 80 % anheben.

Wenn die Hausbank den Beleihungswert nicht anheben wird, muss zusätzlich ein nachhaltig gesichertes Darlehen zu teureren Konditionen abgeschlossen werden oder die kreditgebende Bank erhöht den Zinssatz.

©U-Form Verlag – Kopieren verboten!

C1 Finanzierung

1.3 Beleihungsgrundlagen für die Immobilienfinanzierung

1.3.1

Zu den Eigenmitteln gehören:

- **direkte Eigenmittel**

  Bargeld, Sparkonten z. B. Festgeldanlagen, Wertpapiere mit Festzinsen, Bausparverträge, Ansprüche aus einer Kapitallebensversicherung, der errechnete Verkehrswert aus unbeweglichen Gegenständen (Boden, Gebäude)

- **indirekte Eigenmittel**

  Eigenleistungen bei Bau des Hauses (diese führen zur Entlastung der Baukosten), Arbeitgeberdarlehen oder Darlehen von Freunden und Verwandten ohne Zinsen

1.3.2

Ein privater Haushalt hat ein monatliches Einkommen, was Netto der Familie zur Verfügung steht. Dieses Einkommen muss zur Deckung der fixen Kosten verwendet werden, z. B. Miete, Strom, Versicherung, Lebensunterhaltskosten, Kleidung, Beiträge usw.

Der Überschuss aus dem Einkommen kann gespart oder für die Tilgung/Zinszahlung genutzt werden.

1.3.3

Die ABC-Wohnungsbau GmbH verfügt über einen großen Wohnungsbestand und wird im Rahmen der Portfolioanalyse mehrere Objekte der „Cash Cows" – Gruppe verkaufen und kann „Stars" belasten.

Somit zählen zu den Sicherheiten des Unternehmens:

1. Grundstücke und Immobilien, die lastenfrei sind

2. Sachwerte, die werthaltig sind

3. Erlöse aus dem Verkauf der Objekte

In die Grundbücher der lastenfreien Objekte kann die darlehensgebende Bank eine Hypothek oder Grundschuld als verwertbare Sicherheit eintragen.

Finanzierung

C1

1.3.4

1.3.4.1

a) Baukostenberechnung:

Grundstückskosten:		300.000,00 €
Baukosten 1.450,00 €/m²Wfl x 800 m²	=	1.160.000,00 €
Grundstück + Baukosten gesamt	=	1.460.000,00 €

Eigenkapitalberechnung:

Gesamtkosten   – Fremdkapital   = Eigenkapital

1.460.000,00 € – 950.000,00 € = 510.000,00 €

Aufwendungen für FK		
950.000,00 € x 2,01 %	=	19.095,00 €
Aufwendungen für EK		
510.000,00 € x 4 %	=	20.400,00 €
Gesamtaufwendungen FK + EK	=	39.495,00 €

Berechnung der Bewirtschaftungskosten:

AfA 1 % der Baukosten		
1.160.000,00 € x 1 %	=	11.600,00 €
Verwaltungskosten		
284,31 € x 15 WE	=	4.264,65 €
Instandhaltungskosten		
11,14 € x 800 m²	=	8.912,00 €
Gesamtaufwendungen für BWK	=	24.776,65 €
Plus 4 % Gewinn von 24.776,65 €	=	25.767,72 €

Gesamtaufwendungen:

39.495,00 € + 25.767,72 €	=	65.262,72 €

Miete: 65.262,72 € : 800 m² : 12 Monate = 6,80 € pro m²

C1 Finanzierung

b) Gewinnberechnung

Erträge 5,20 € x 800 m² x 12 Monate	49.920,00 €
– Aufwendungen aus der Wirtschaftlichkeitsberechnung	– 65.262,72 €
	– 15.342,72 €

Es entsteht ein Verlust von 15.342,72 €.

Das Unternehmen setzt den Mietpreis auf 6,80 €/m²Wfl fest.

c) Eigenkapitalrentabilität

Formel: $\dfrac{\text{tats. Gewinn} \times 100\,\%}{\text{EK}}$

NR: EK Erträge

20.400,00 €	Aufwand
– 15.342,72 €	Verlust
5.057,28 €	tats. Gewinn

$$\frac{5.057,28\ \text{€} \times 100\,\%}{510.000,00\ \text{€}} = 0,99\,\%$$

Gesamtrentabilität

Formel: $\dfrac{(\text{tats. Gewinn} + \text{FK-Zinsen}) \times 100\,\%}{\text{Gesamtkapital}}$

$$\frac{(5.057,28\ \text{€} + 19.095,00\ \text{€}) \times 100\,\%}{1.460.000,00\ \text{€}} = 1,65\,\%$$

d) Fremdkapitalanteil

Formel: $\dfrac{\text{FK} \times 100\,\%}{\text{Gesamtkapital}}$ $\dfrac{950.000,00\ \text{€} \times 100\,\%}{1.460.000,00\ \text{€}} = 65,07\,\%$

e) Cash-Flow

Der Cash-Flow gibt den finanziellen Überschuss an, den ein Unternehmen erwirtschaftet hat und kann auf verschiedene Weise errechnet werden.

Im Unternehmen der ABC-Wohnungsbau GmbH wird die dynamische Liquiditätsanalyse angewendet, die direkte Ermittlung des Cash-Flows, der den während einer Zeitdauer entstandenen Überschuss in Form einer partiellen Brutto-Kapitalflussrechnung wiedergibt.

Formel:

Zahlungswirksame Erträge (Mieteinnahmen)

– Zahlungswirksame Aufwendungen

= Cash-Flow

Finanzierung

C1

Berechnung der Erträge:

Nach Bewilligung der neuen Miete von 6,80 €/m²Wfl hat das Unternehmen Einnahmen von 65.280,00 € im Jahr (6,80 €/m² x 800 m² x 12 Monate).

Hiervon müssen wir noch das MAW abziehen, es steht ja für den Leerstand:

$$\frac{65.280,00\ € \times 2\ \%}{100} = 1.305,60\ € \quad MAW$$

	65.280,00 €	Mieteinnahmen
–	1.305,60 €	MAW
=	63.974,40 €	reine Einnahmen

Berechnung der Aufwendungen:

	8.912,00 €	Instandhaltungskosten
+	4.264,65 €	Verwaltungskosten
+	19.095,00 €	Fremdkapital
+	9.500,00 €	Tilgung
=	41.771,65 €	

Cash-Flow Berechnung:

	63.974,40 €	Erträge
–	41.771,65 €	Aufwendungen
=	22.202,75 €	Gewinn

Die ABC-Wohnungsbau GmbH wird aus dem Mietobjekt Gewinn erwirtschaften.

1.3.4.2

a) Die MaBV sieht bis zu **7 Teilzahlungen** vor. Kreditkunden rufen ihr Darlehen von der Bank deshalb nicht sofort und mit einem Schlag, sondern in Etappen ab.

b) Für den bereits ausgezahlten Kreditbetrag verlangt die Bank die normalen Vertragszinsen und für den noch ausstehenden Kredit zusätzlich noch Bereitstellungszinsen. Die meisten Banken verlangen die Zinsen bereits ab dem dritten/vierten Monat nach der Darlehenszusage. Bereitstellungszinsen sind nicht im Effektivzins enthalten.

C1 Finanzierung

c) Bei einer Baufinanzierung wie in unserem Fall wird der Kredit nach einzelnen Bauabschnitten abgerufen. Die Banken geben oft einen Zeitrahmen zur Abrufung an.

Eine Hausbank gewährt eine Frist von 6 Monaten, danach muss erstmals die zum 1. Bauabschnitt festgelegte Summe abgerufen werden.

Die Höhe der Bereitstellungszinsen für spät abgerufene Baufinanzierung beträgt meist 3 % pro Jahr, wobei üblicherweise in Form eines Monatszinses von 0,25 % berechnet wird.

3 % : 12 Monate = 0,25 % pro Monat

Bsp.

Kreditsumme 950.000,00 €

Für den ersten Bauabschnitt ruft der Bauherr nur 15 % des Kredites ab.
Die Bank stellt aber den gesamten Kredit bereit und berechnet die Bereitstellungszinsen vom 4. Monat nach Vertragsabschluss

0,25 % pro Monat fällig ab dem 90. Tag (Beginn des 4. Monats)
Vertragsabschluss   10.02.20xx
Bereitstellungszinsen   11.05.20xx – 27.07. = 75 Tage

$$\left[950.000,00 \times \frac{\left[\dfrac{0,25}{30} \right] \times 75}{100} \right]$$

oder

$$950.000,00 \times \left[\frac{0,0025}{30} \right] \times 75 = \mathbf{5.937,50 \ €}$$

Finanzierung

C1

1.4.1

a) Bodenwertberechnung:

115,00 € x 620 m² = 71.300,00 €

Anteilig für die ETW $\dfrac{71.300,00\ € \times 64,52\ \text{MEA}}{1.000}$ = 4.600,28 € anteilig

FK:

120.000,00 € x 1,80 % = 2.160,00 € Zinsaufwendung

EK-Berechnung:

Kaufpreis:	116.500,00 €
Nebenkosten:	16.018,00 €
Bodenpreis:	4.600,28 €
	137.118,28 €
Fremdkapital:	- 120.000,00 €
benötigtes Eigenkapital:	17.118,28 €

Plus 4 % Zinsen : 17.118,28 € x 4 % = 684,73 €

Gesamtaufwendungen EK + FK:

2.160,00 € + 684,73 € = 2.844,73 €

BWK-Berechnung:

AfA 1 % der Baukosten (hier Kaufpreis ohne Bodenwert)

137.118,28 € – 4.600,28 € = 132.518,00 €

132.518,00 € x 1 %	=	1.325,18 €
IHK: 8,78 € x 40 m²	=	351,20 €
VK: 284,63 € pro WE	=	284,63 €
Stellplatz:	=	37,12 €
Aufwendungen BWK	=	1.998,13 €

Gesamtaufwendungen FK + EK + BWK:

2.844,73 € + 1.998,13 € = 4.842,86 €

Die Eigentümerin will 4 % Gewinn berechnen.

4.842,86 € Gesamtaufwendungen x 4 % = 193,71 €

Gesamtaufwendungen mit Gewinn:

5.036,57 €

Mietberechnung pro Monat:

5.036,57 € : 12 Monate = 419,71 €

Das entspricht 10,49 € pro m² Nettokaltmiete.

C1 Finanzierung

Fortsetzung 1.4.1

b) Sie müssen Frau Nickel darauf hinweisen, dass der monatliche Mietpreis für 40 m² sehr hoch ist.

Frau Nickel sollte die VK / IHK senken und die AfA nicht als BWK ansehen. Es könnte auch der Gewinn verringert werden bzw. entfallen.

c) Verkürzte Wirtschaftlichkeitsberechnung:

BWK

AfA	(entfällt)
VK	210,00 €
IK	70,00 €
BWK	280,00 €
FK und EK	2.844,73 €
	3.124,73 €

+ 3 % Gewinn = 3.218,47 €

3.218,47 € : 12 Monate : 40 m² = 6,71 € pro m² Kaltmiete

Dieser Mietpreis ist für eine kleine Wohnung von 40 m² zu erzielen.

Finanzierung

C1

1.4.2

Finanzierungsberechnung:

Kaufpreis	116.500,00 €	ohne Boden
Anschaffungsnebenkosten	16.018,00 €	
Boden	4.600,28 €	
Gesamtkaufpreis	137.118,28 €	

Nebenrechnung:

$115,00 € \times 620 \text{ m}^2 = 71.300,00 €$

$$\frac{71.300,00 € \times 64,52 \text{ MEA}}{1.000} = 4.600,28 €$$

EK (12,09 % vom Gesamtkaufpreis)
16.577,60 €

FK (87,91 % vom Gesamtkaufpreis)
120.540,68 €

Ausgaben:

Zinsen 120.540,68 € x 1,80 % : 12 Monate	= 180,81 €
Tilgung 120.540,68 € x 2,00 % : 12 Monate	= 200,90 €
Annuität	381,71 €
Inst.-Rücklage	60,00 €
Ausgaben ohne Stellplatz	441,71 €
Die veranschlagten BK/HK von 116,00 € ist das umlegbare Hausgeld und somit ein „Durchlaufposten"	116,00 €
	557,71 €
Stellplatz	37,12 €
Gesamtausgaben	594,83 €

Einnahmen:

Miete 6,71 €/m²	268,21 €
Stellplatz	37,12 €
BK/HK	116,00 €
	421,33 €

Ausgaben – Einnahmen = **173,50 €**

Frau Nickel muss 173,50 € monatlich selbst zur Deckung der Ausgaben aus dem Kauf der Eigentumswohnung bezahlen. Sie könnte nun versuchen, die Wohnung zur ersten Berechnung zu vermieten, das bedeutet aber, weniger Mietinteressenten werden sich die Wohnung ansehen.

Die Bank wird Frau Nickel noch Unterlagen zur Bonitätsprüfung abfordern, um das Darlehen zu bewilligen.

©U-Form Verlag – Kopieren verboten!

| **C2** | **Vergleich von Darlehensangeboten** |

2 Vergleich von Darlehensangeboten

2.1 Kreditarten und Kreditgeber

2.1.1

a) Kurzfristiger Kredit:	bis zu 12 Monaten Laufzeit Unbefristet eingeräumter Dispositionskredit: Dass ein Dispositionskredit unbefristet eingeräumt wird, ändert nichts daran, dass die Bank die Rückzahlung eines gewährten Kredits jederzeit fordern kann.	7
b) Mittelfristiger Kredit:	1 – 4 Jahre Laufzeit Anschaffungsdarlehen mit 36 Monaten Laufzeit: Das Anschaffungsdarlehen ist ein typischer mittelfristiger Kredit; mit 36 Monaten Laufzeit im vorliegenden Fall läuft das Darlehen also über 3 Jahre.	6
c) Langfristiger Kredit:	über 4 Jahre Laufzeit Ein Hypothekendarlehen wird in der Regel über 20 – 30 Jahre Lauf- zeit aufgenommen.	1

Zu Antwort 2.: Emission von Aktien

Die Ausgabe von Aktien stellt keine Form des Kredits, sondern die Beschaffung von Eigenkapital dar.

Zu Antwort 3.: Einlage eines Großaktionärs

Die Einlage eines Gesellschafters (hier: eines Aktionärs) ist Eigenkapital und kein Fremdkapital.

Zu Antwort 4.: Einlage eines stillen Gesellschafters

Die Einlage eines Gesellschafters ist Eigenkapital und kein Fremdkapital.

Zu Antwort 5.:

Anleihe am Kapitalmarkt, auch Schuldverschreibung genannt, ist ein langfristiges Darlehen, das die ABC-Wohnungsbau GmbH bei einer Wertpapierbörse aufnimmt.

Die Anleihe ist eine Urkunde mit verbrieften Leistungsversprechen.

Vergleich von Darlehensangeboten

C2

2.1.2

Der Effektivzins enthält alle Kosten, die seit der Verbraucherrichtlinie noch detaillierter ausgewiesen sind (Sollzins, Disagio, Tilgungssatzgebühren u. a.).

Als Kreditnehmer – ob Wohnungsunternehmer oder Privatperson – muss dieser Zins zugrunde gelegt werden, um Angebote miteinander zu vergleichen:

Z.B. Ersparnisse bei 0,04 % Zinsunterschied

- Kredit   50.000,00 €   x   2,55 %   Zinsen für 5 Jahre   =   6.375,00 €

    50.000,00 €   x   2,59 %   Zinsen für 5 Jahre   =   6.475,00 €

Der Effektivzins wird größer, je kürzer die Laufzeit. Das liegt daran, dass das Damnum sich bei einer längeren Laufzeit auf eine größere Anzahl von Jahren verteilt.
Ist das Damnum niedrig, ist der Effektivzins auch niedrig.

2.1.3

Die Zinsbindung drückt aus, wie lange die Bank den Kreditnehmer an einen festen Zins bindet.

Immobilienkredite werden in der Regel zwischen 5 und 30 Jahren vergeben.

Die Zinsbindung endet in der Regel nach 5 oder 10 Jahren. Oft muss nach der ersten Zinsfestschreibung eine Anschlussfinanzierung gesucht werden, meist bei günstiger Zinsentwicklung über ein Forward-Darlehen.

Sondertilgungen können vereinbart werden, bei einer Zinsbindung erstmals nach 10 Jahren, gerechnet vom Zeitpunkt der Vollauszahlung des Kredites, mit 6-monatiger Kündigungsfrist.

2.1.4

- **Finanzvermittler** die bankunabhängig arbeiten – vergeben nicht selbst Kredite, sondern vermitteln die Darlehensanträge an eine Bank

- **Banken und Sparkassen** als Direktbanken, vergeben oft günstige Kredite mit Standardfinanzierung und Anschlussfinanzierung

- **Lebensversicherungsgesellschaften** – hier werden Prämiensätze vereinbart

2.1.5

Sie unterscheiden sich durch die Art der Finanzierung:

- Banken und Sparkassen vergeben Annuitätendarlehen

- Bausparkassen finanzieren über ihre Spargemeinschaft. Dazu ist eine Ansparungsphase notwendig, nach Zuteilung erfolgt die Darlehensphase

- Lebensversicherungsgesellschaften finanzieren über ein Fälligkeitsdarlehen

2.1.6

Ein Kontokorrentkredit wird in Anspruch genommen, um laufende Rechnungen zu bezahlen. Er ist formalrechtlich ein kurzfristiger Kredit. Die Bank gewährt diese Kreditform in Regel nur, wenn eine ausreichende Bonität zur Verfügung steht. Die Verzinsung ist sehr hoch und liegt ca. bei 11 – 14 %.

| C2 | Vergleich von Darlehensangeboten |

2.1.7

Das Ratentilgungsdarlehen

Ein Kreditvertrag über ein Ratentilgungsdarlehen enthält feste Konditionen über Zins- und Tilgungsraten, welche über die Laufzeit gleich bleiben. Da sich die Restschuld aber verringert, reduzieren sich auch die zu zahlenden Zinsen. Es sinken somit die Aufwendungen mit jeder Rate.

Zu beachten ist aber, dass die Tilgungsrate relativ hoch angesetzt wird. Es können aber unterschiedliche Fälligkeiten für Tilgung und Darlehenssumme vereinbart werden.

Diese Darlehensform eignet sich für einkommensstarke Kreditnehmer und vor allem für Bauträger mit einem niedrigen Finanzierungsbedarf.

2.1.8

Das Festzinsdarlehen

Bei dieser Darlehensform werden sowohl Zins als auch Tilgung über die Laufzeit festgelegt. In den Zeiten hoher Zinsen wurde der Vertrag über 30 Jahre abgeschlossen. Gegenwärtig vergeben die Banken den Kredit mit einer durchschnittlichen Laufzeit von 10 – 15 Jahre.

Die zu zahlende Summe bleibt gleich und kann monatlich, vierteljährlich oder auch jährlich gezahlt werden.

Bei einem Festzinsdarlehen können die Vertragspartner eine Ausstiegsoption vereinbaren, was allerdings etwas teurer als ein normales Festzinsdarlehen ist.

Wird eine Ausstiegsoption vom Kreditnehmer nicht wahrgenommen, zahlt er drauf. Das Darlehen ist auch an bestimmte Bedingungen geknüpft (z. B. Arbeitslosigkeit, Wohnungswechsel - kurze Laufzeit 10 Jahre)

Das kündbare Festzinsdarlehen ist hauptsächlich für Kreditnehmer geeignet, die ihre Lebensplanung soweit abgeschlossen haben, dass nun die „eigenen Wände" im Vordergrund stehen.

2.2

2.2.1

Bausparvertrag

Ein Bausparvertrag besteht aus zwei Phasen, der Ansparphase und der Darlehensphase. Durch die Zahlung von Sparbeiträgen im Zeitraum der Ansparphase sichert sich der Kreditnehmer den Anspruch auf ein Bauspardarlehen, dessen Konditionen schon bei Vertragsabschluss feststehen.

Der Bausparvertrag ist nur für den Kauf von Immobilien, Immobilienmodernisierung oder Immobilien-Kreditrückzahlung zu verwenden.

Mit Abschluss des Vertrages wird festgelegt, welcher Betrag bei Fälligkeit an den Kreditnehmer ausgezahlt wird, gleichzeitig bestimmt die Bausparsumme die Ansparleistung. Die Summe muss erst angespart werden, meist sind es 40 bis 50 %.

Der Vertrag bestimmt auch die 1 – 1,6 % Abschlussgebühr, sowie die monatliche Sparrate und die spätere Tilgung. Meist 4 ‰ in der Ansparphase und 6 ‰ Darlehensrückzahlung.

Vergleich von Darlehensangeboten

C2

2.2.2

Die richtige Reihenfolge lautet:

1. Abschluss eines Bausparvertrags (a)
2. Erteilung einer Einzugsermächtigung zum Einzug des monatlichen Bausparbeitrags (d)
3. Erreichen der Zuteilungsreife (g)
4. Zuteilung des Bausparvertrags und Beantragung des Bauspardarlehens (c)
5. Beleihungsprüfung durch die Bausparkasse anhand der Beleihungsunterlagen (b)
6. Bewilligung des Bauspardarlehens (f)
7. Auszahlung der Bausparsumme nach grundbuchlicher Absicherung (e)

2.2.3

Lösung: **12,59 %**

Rechenweg:

Berechnung von Bausparsumme und Bauspardarlehen:

45 % = 36.000,00 €

100 % = x €

x = 36.000 € : 45 % * 100 % = 80.000 €

Die Bausparsumme beträgt 80.000 €; das Bauspardarlehen dementsprechend 44.000 €.

Berechnung der Tilgungssumme und des Tilgungssatzes in Prozent:

Der Kapitaldienst beträgt monatlich 6,00 € pro 1.000 € Bausparsumme, also jährlich:

6,00 * 80.000 € : 1.000 € * 12 Monate = 5.760,00 €

abzüglich 0,5 % auf 44.000 €:   220,00 €

ergibt die jährliche Tilgung in Höhe von: 5.540,00 €

Tilgungssatz pro Jahr = 5.540,00 € : 44.000 € * 100 % = **12,59 %**

2.2.4

a) Der Sinn und Zweck dieser Veränderung des Bausparvertrages liegt darin, eine schnelle Zuteilung des reduzierten Vertrages zu erreichen und dadurch die Kosten der Überfinanzierung zu sparen. Mit einer Kündigung des Bausparvertrages hätte Fam. Eickemeyer auf die gesamte Bausparsumme verzichten müssen, jetzt nur auf einen Teil der Bausparsumme.

©U-Form Verlag – Kopieren verboten!

C2 Vergleich von Darlehensangeboten

b) Der Vertrag muss so reduziert werden, dass die 15.000,00 € Ansparung die 40 % der Ansparphase decken.

15.000,00 = 40 %

x = 100 %

x = 37.500,00 €

37.500,00 x 40 % = 15.000,00 Ansparzuteilung

Der Kredit beträgt 22.500,00 € als Zuteilungsbetrag

2.3

Zwischenfinanzierung

Häufig gewähren Kreditinstitute nur Darlehen, wenn sie erstrangig im Grundbuch abgesichert werden können. Dadurch erhält die Bank im Falle einer Zwangsversteigerung als erste Gläubigerin ihre Forderungen aus dem Zwangsversteigerungserlös. Aus diesem Grund sind die (Zins-) Konditionen bei erstrangigen Darlehen auch günstiger als bei nachrangigen Darlehen.

Wenn im Grundbuch noch ein Grundpfandrecht des Vorbesitzers eingetragen ist, so wird die Darlehen gebende Bank den Kreditbetrag erst auszahlen, wenn sie im ersten Rang ins Grundbuch eingetragen werden kann. Für die Zwischenzeit kann der Darlehensnehmer einen so genannten Zwischenkredit aufnehmen, für welchen er anderweitig eine Sicherheit bieten kann.

Ein Zwischenkredit wird nur verzinst und bei Vorliegen aller Bedingungen für das Hauptdarlehen (Dauerfinanzierung) durch dieses abgelöst. Aufgrund des höheren Risikos für die Bank sind Zwischenfinanzierungskredite nur zu höheren Zinsen zu bekommen als dinglich gesicherte Darlehen.

2.4

Lösung **2** ist richtig.

Beim Tilgungsdarlehen werden die ersparten Zinsen durch Tilgungsbeiträge ersetzt.
Je höher also der Zinssatz, desto eher ist das Darlehen zurückgezahlt, weil die höheren, jeweils durch die Tilgung ersparten Zinsbeiträge der Tilgung zugeschlagen werden und somit eine schnellere Rückzahlung erfolgt.

2.5

Lösung **1** ist richtig.

Ein Tilgungsstreckungsdarlehen nimmt ein Kreditnehmer dann auf, wenn die Bank ein Disagio in Anspruch nimmt. Der Kreditnehmer muss den fehlenden Kreditbetrag des Disagios ausgleichen, um den vollen Darlehensbetrag für seine Finanzierung zu erreichen.

Er erhält dann von der gleichen Bank oder einer anderen Bank ein Tilgungsstreckungsdarlehen. Das Tilgungsstreckungsdarlehen muss vor Tilgungsbeginn des Hauptdarlehens zurückgezahlt sein.

Vergleich von Darlehensangeboten

C2

2.6

a) Jede Hypothek läuft irgendwann aus, auch wenn die Immobilie noch nicht voll abgezahlt ist.

Deshalb muss man sich rechtzeitig um eine Anschlussfinanzierung bemühen und zwar mit einem Forward-Darlehen. Es ist ein Annuitätendarlehen, welches bis zu 60 Monate vor Ablauf des aktuellen Hypothekenvertrages abgeschlossen wird. Das Ziel ist es, die zum Zeitpunkt des Abschlusses günstigen Zinsen zu sichern.

Das Wohnungsunternehmen profitiert von den günstigen Zinsen, die heute gelten, auch wenn die Anschlussfinanzierung erst in 5 Jahren benötigt wird.

Es gilt der Grundsatz „Sind die Zinsen jetzt günstig, werden die Zinsen in den nächsten Jahren wieder steigen".

b) Das Forward-Darlehen sollte rechtzeitig vor Ablauf des aktuellen Hypothekendarlehens beantragt werden, also z. B. schon 5 oder 3 Jahre vorher.

Der Abschluss eines Forward-Darlehens kann aber auch ein Risiko sein. Sollte sich das Zinsniveau nicht wie beim Vertragsabschluss vom Darlehensnehmer erwartet erhöhen, sondern weiter sinken, muss trotzdem das Angebot aus dem Forward-Darlehen angenommen werden.

Für den Abschluss des Vertrages zahlt der Darlehensnehmer einen Zinsaufschlag.
Nach Untersuchungen der Stiftung Warentest (Finanztest 03/2009) beträgt der Zinsaufschlag für ein 10-jähriges Darlehen ca. 0,76 %.

2.7

2.7.1

Familie Eickemeyer kann sich mit der Aufnahme des Forward-Darlehens weit vor Ablauf des Kredites das Anschlussdarlehen sichern zu dem gegenwärtigen Zinssatz.

Die Vorlaufzeit beträgt bis zu 60 Monate.

Natürlich kostet die Zinssicherung auch einen Zinsaufschlag von 0,01 – 0,02 pro Monat.

2.7.2

Zinssatz 2,55 %

Zinszuschlag von 0,01 % für 15 Monate = 0,15 %

2,55 % + 0,15 % = 2,70 % Zinsen müssen im Monat für das Anschlussdarlehen gezahlt werden

Alter Zinssatz 8,10 % – 2,70 % = Einsparung von 5,40 % Zinsen

Die Zinseinsparung kann für eine höhere Tilgung verwendet werden.

©U-Form Verlag – Kopieren verboten!

C2 Vergleich von Darlehensangeboten

2.7.3

Vorfälligkeitsentschädigung

Es handelt sich um eine Entschädigung für das Kreditinstitut bei vorzeitiger Darlehenszurückzahlung; sie deckt den Refinanzierungsverlust des Kreditinstituts ab.

Die Höhe der Vorfälligkeitsentschädigung errechnet sich aus dem Saldo des Darlehenskontos, der verbleibenden Zinsbindung und der Differenz zwischen Darlehenszins und akt. Marktzins.

Bereitstellungszinsen

Diese Zinsen sind im Eff.-Zins nicht enthalten und sind eine Einnahmequelle jeder Bank.

Bereitstellungszinsen werden berechnet auf Zinsen des bereits ausgezahlten Darlehens und auf das zur Auszahlung bereitgehaltene Darlehen, welches vom Kreditnehmer noch nicht abgerufen wurde. Diese Situation entsteht vor allem bei Bauvorhaben, da die Kredite nach MaBV in Raten nach Bauabschnitt abgerufen werden. Sie dienen der Bank als Ausgleich für den Zinsverlust.

2.8

2.8.1

Der KfW-Kredit wird von der Kreditanstalt für den Wiederaufbau ausgereicht. Die Förderbank unterstützt Wohnungsunternehmen, aber auch private Eigentümer und Privatpersonen mit zinsgünstigen Darlehen. Sie fördert z.B.

- Wohnungseigentumsprogramme
- Ökologisches Bauen
- Gebäudesanierungsprogramme gemäß Energieeinsparungsverordnung

KfW-Darlehen können günstiger aufgenommen werden als normale Kredite. Günstig kann es für den Bauherren sein, den KfW-Kredit mit in den Beleihungsablauf eines normalen Kredites einzubauen. So werden die Zinskonditionen verbessert (lesen Sie dazu auch auf der Homepage der KfW www.kfw.de nach).

Für die ABC-Wohnungsbau GmbH wird sich die Aufnahme eines KfW-Darlehens lohnen, da ein hoher Finanzierungsbedarf besteht. Allerdings wird seit 2014 die Auszahlung des KfW- Kredites daran geknüpft, dass ein Gutachter der KfW die Sanierung begutachtet. Das Unternehmen muss dazu umfangreiche Unterlagen einreichen.

Vorteile:

- Günstige Zinskonditionen
- Senkung des Beleihungsablaufes des Hauptkredites
- Mietsenkung nach der Sanierung

Vergleich von Darlehensangeboten

C2

Nachteile:

- Die Zinsbindungen gelten für maximal 10 Jahre

- Das erste Jahr ist so gut wie immer tilgungsfrei, weshalb sich der Schuldenabbau verzögert

- Die lange Prüfungszeit der KfW führt zu Bauverzögerungen

- Eine Veränderung des Mietpreises bedarf einer neuen Wirtschaftlichkeitsberechnung und Bewilligung der KfW

2.8.2

1. Der Darlehensnehmer kann wählen zwischen einem klassischen KfW-Wohnungsbauprogramm mit einem zinsgünstigen Annuitätendarlehen (Kredit meist 0,2 % unter dem Marktpreis).

2. Der Kreditnehmer erhält das Darlehen aus dem KfW-Wohnungseigentumsprogramm mit einem Zinssatz bis 0,5 % unter dem off. KfW-Zinssatz. Der andere vom Bauherren aufgenommene Darlehensteil bekommt keinen Vorzugszins. Die KfW- Mittel werde auf die Beleihung angerechnet, wodurch der Kreditnehmer ein günstiges Annuitätendarlehen erhält. Geeignet ist diese Darlehensform für Energiesparmaßnahmen und Eigentümer mit wenig Eigenkapital.

2.8.3

Wirtschaftlichkeitsberechnung

Fremdkapitalberechnung

Sparkasse 2,89 % aus 435.500,00 €	=	12.585,95 €
Landeskreditbank		
0,75 % aus 160.000,00 €	=	1.200,00 €
1,00 % aus 672.000,00 €	=	6.720,00 €
1,79 % aus 920.000,00 €	=	16.468,00 €
Gesamtaufwendungen	=	36.973,95 €

Eigenkapitalberechnung:

562.500,00 € Eigenkapital ist vorhanden

15 % der Gesamtkosten

15 % von 2.750.000,00 €	=	412.500,00 €
412.500,00 € x 4 %	=	16.500,00 €
150.000,00 € x 6,5 %	=	9.750,00 €
Aufwendungen	=	26.250,00 €

> Nebenrechnung:
>   562.500,00 €
> − 412.500,00 €
>   150.000,00 € (übersteigender Teil)

Gesamtaufwendungen:

36.973,95 € + 26.250,00 €	=	63.223,95 €

C2		**Vergleich von Darlehensangeboten**		

Bewirtschaftungskosten:

AfA 1 % der Bausparsumme
    2.196.000,00 € x 1 %   =   21.960,00 €

Sonderabschreibung
    3 % von 100.000,00 €   =   3.000,00 €

VK 284,63 € x 32 Wohneinheiten   =   9.108,16 €

IHK 8,78 €/m² x 2.731,36 m²   =   23.981,34 €

Aufwendungen   =   58.049,50 €

Aufwendungen gesamt aus FK, EK und BWK ohne MAW

121.273,45 € plus 2 % MAW   = 123.748,42 €
(Achtung: 121.273,45 € = 98 %)

Berechnung der durchschnittlichen Miete:

123.748,42 € : 2.731,36 m² : 12 Monate   = 3,775 also 3,78 €

Die zu beantragende Miete für die Kfw-Kreditaufnahme beträgt **3,78 € pro m² Wohnfläche**.

2.8.4

a) Nein, das ist nicht möglich. Nach § 313 BGB ist es zwingend notwendig, einen Kaufvertrag über Grund und Boden sowie Gebäude notariell beurkunden zu lassen. Erfolgt das nicht, ist der Kaufvertrag nichtig. Mit der Beurkundung soll ein leichtfertiger Verkauf ausgeschlossen werden.

b)
Kaufpreis	230.000,00 €
Maklergebühr 5,95 %	13.685,00 €
Grundbuch/Notarkosten 2 %	4.600,00 €
Grunderwerbsteuer 4,5 %	10.350,00 €
Gesamtaufwendungen	258.635,00 €

Finanzierung:
Wertpapiere	30.000,00 €
Bausparvertrag	60.000,00 €
EK vorhanden	90.000,00 €

258.635,00 €	Kosten	
– 90.000,00 €	EK	
– 5.000,00 €	Zuschuss	
163.635,00 €	Finanzierungsbedarf	

c)
Darlehenssumme	163.635,00 €
– Schenkung	30.000,00 €
Wirklicher Finanzierungsbedarf	133.635,00 €

Darlehen: 133.635,00 € x 5,5 % Zinsen p.a. =   7.349,93 €
           133.635,00 € x 1 % Tilgung   =   1.336,35 €
                                              8.686,28 €

8.686,28 € : 12 Monate = **723,86 €** pro Monat beträgt die Belastung ohne Nebenkosten

Vergleich von Darlehensangeboten C2

d) Annuitätendarlehen

Darlehensberechnung aus c)

133.635,00 € x 5,5 % Zinsen p.a.	=	7.349,93 €	1. Jahr
133.635,00 € x 1 % Tilgung	=	1.336,35 €	

Annuität (diese bleibt gleich)	=	8.686,28 €	

133.635,00 € – 1.336,35 € (Tilgung)	= 132.298,65 €	Restdarlehen im 1. Jahr

2. Jahr

132.298,65 € x 5,5 %	=	7.276,43 €	Zinsen

Tilgung = Annuität – Zinsen	=	8.686,28 €	– 7.276,43 €
	=	1.409,85 €	

132.298,65 € – 1.409,85 €	= 130.888,80 €	Restdarlehen im 2. Jahr

Tilgungsdarlehen

133.635,00 € x 5,5 % Zinsen p.a.	=	7.349,93 €
133.635,00 € x 1 % Tilgung	=	1.336,35 €

133.635,00 € – 1.336,35	= 132.298,65 € Restdarlehen im 1. Jahr

Tilgung bleibt gleich

2. Jahr

132.298,65 € x 5,5 %	=	7.276,43 €	Zinsen + Tilgung 1.336,35 €

132.298,65 € - 1.336,35 €	= 130.962,30 €	Restdarlehen im 2. Jahr

Belastung 8.612,78 € pro Jahr – diese ist geringer als beim Annuitätendarlehen, aber das Restdarlehen ist größer.

Beim Tilgungsdarlehen bleibt die Tilgung gleich über die Jahre der Festschreibung. Beim Annuitätendarlehen wird die Tilgungssumme pro Jahr größer.

C2 Vergleich von Darlehensangeboten

2.8.5

a) 300.000,00 € x 5 % = 15.000,00 € Anschaffungsnebenkosten

Gesamtkosten	315.000,00 €
EK	− 50.000,00 €
Kreditaufnahme	**265.000,00 €**

b) Monatliche Zinsen:
265.000,00 € x 2 % = 5.300,00 € : 12 Monate = 441,67 €

Monatliche Tilgungsrate:
265.000,00 € x 3 % = 7.950,00 € : 12 Monate = 662,50 €

Im ersten Monat nach der Kreditaufnahme muss das Ehepaar 441,67 € Zinsen, 662,50 € Tilgung und 1.200,00 € Einmalkosten, insgesamt also 2.304,17 € aufbringen.

Ab dem zweiten Monat dann je 1.104,17 €

c) 1.104,17 € x 12 Monate x 20 Jahre = 265.000,80 € + 1.200,00 € = **266.200,80 €**

d) Miete: 900,00 € x 12 Monate x 20 Jahre = 216.000,00 €

Differenz Miete – Kauf: 266.200,80 € - 216.000,00 € = 50.200,80 €

Die Mehrbelastung für den Kauf liegt bei 50.200,80 €.

e) Die Belastungen sind zwar höher als die monatliche Miete, aber das Ehepaar zahlt mit der Belastung bereits monatlich 662,50 € an Tilgung. In zwanzig Jahren werden von den 265.000,00 € Kredit bereits 159.000,00 € getilgt.

Über den Restkredit werden Kreditgeber und Kreditnehmer neu verhandeln.

Gebäudeabschreibung

C3

3 Gebäudeabschreibung

3.1

Gemäß § 7 EStG können Gebäude **linear** und **degressiv** (bis 2007, kann das FA wieder aufleben lassen) abgeschrieben werden.

Als Bemessungsgrundlage dienen die Anschaffungskosten oder Herstellungskosten (AHK).
Der %-satz wird vom FA festgelegt:

z. B. für Wohngebäude fertiggestellt bis 1924:	2,5 % der AHK
für Wohngebäude nach 1925:	2 % AHK p.a.

Grund und Boden kann nicht abgeschrieben werden.

3.2

Der Prozentsatz für die Wertminderung des Gebäudes beträgt bei der Berechnung der Wirtschaftlichkeit **1 von Hundert der Baukosten.**

3.3

Gleichfalls nach II BV § 25 Abs. 3 können für besondere Maßnahmen zusätzlich Abschreibungen vorgenommen werden. Die Berechnung geht von den angefallenen Anschaffungskosten aus.

Das Wohnungsunternehmen kann für nachstehende Anlagen und Einrichtungen eine Sonderabschreibung vornehmen:

– Öfen und Herde	3 von Hundert
– Einbaumöbel	3 von Hundert
– Anlagen und Geräte zur Versorgung mit Warmwasser, sofern nicht eine Sammelheizung vorhanden	4 von Hundert
– Aufzug	2 von Hundert
– Gemeinschaftsantenne	9 von Hundert
– maschinelle Wascheinrichtung	9 von Hundert
– Sammelheizung mit Warmwasserversorgung	3 von Hundert

©U-Form Verlag – Kopieren verboten!

4 Steuern

4.1

Der Steuerbegriff ist im § 3 der AO definiert:

„Steuern sind Geldleistungen, die nicht eine Gegenleistung für eine besondere Leistung darstellen und von einem öffentlichen Gemeinwesen zur Erzielung von Einnahmen allen auferlegt werden …"

Somit sind Steuern die wichtigste Einnahmequelle des Staates und das Hauptinstrument der Finanzpolitik.

4.2

Gebühren und Beiträge sind auch öffentliche Abgaben. Der Unterschied zur Steuer liegt darin begründet, dass eine Gegenleistung für bestimmte Leistungen vorliegt (z. B. Ausstellen einer Geburtsurkunde, Krankenhausgebühren usw.).

Beiträge werden entrichtet für eine angebotene hoheitliche Leistung und zwar unabhängig, ob sie in Anspruch genommen werden (z. B. Kurtaxe, SV- Beiträge)

4.3

Der Steuergegenstand kann der **Besitz, Verkehr** oder der **Verbrauch** sein.

Wir unterscheiden:

– **Besitzsteuer** (die einen bestehenden oder werdenden Besitz besteuern):
  z. B. Einkommenssteuer, Grundsteuer

– **Verkehrssteuer** (hier wird die Übertragung von Vermögenswerten oder Rechten versteuert):
  z. B. Umsatzsteuer, Grunderwerbssteuer

– **Verbrauchssteuer** (diese werden erhoben beim Erwerb von Lebensmitteln und anderen Gütern):
  z. B. Mineralölsteuer, Kaffeesteuer

4.4

Die Steuern nach der Einteilung der Erhebungsart sind:

Direkte Steuern – sie werden vom Steuerschuldner unmittelbar bezahlt.
Steuerschuldner gegenüber dem Staat ist der Steuerträger, z. B. muss das Unternehmen Gewerbesteuer, Einkommenssteuer an das Finanzamt zahlen.

Indirekte Steuern – hier trägt der Steuerschuldner die Steuer nicht selbst, sondern wälzt sie auf eine andere Person ab, z. B. der Ladeninhaber wälzt die USt. auf den Kunden ab.

Die Steuern nach der Einteilung des **Steuerempfängers** sind:

– **Bundessteuer**   z. B. Verbrauchersteuer
– **Landessteuer**   z. B. Grunderwerbssteuer
– **Gemeindesteuer**   z. B. Vergnügungssteuer

Steuern

C4

4.5

In der Immobilienwirtschaft sind die wichtigsten zwei Steuerarten die **Grunderwerbssteuer** und die **Grundsteuer.**

4.6

a) Gegenstand der Steuer sind Erwerbsvorgänge.
   Dazu gehören der Erwerb von Grundstücken, Gebäuden oder Rechten an Grundstücken durch Kauf, Zwangsversteigerung, Überlassung.

b) Den Steuersatz legt das zuständige Finanzamt der Städte/Gemeinden fest, in welchem das Grundstück/ Gebäude liegt.
   GrESt ist Länderrecht, deshalb kann der Hebesatz der Steuer in jedem Land unterschiedlich sein.

c) Die GrESt wird nur vom Kaufpreis errechnet:

   920.700,00 € x 3,5 % = **32.224,50 €**

   Anschaffungsnebenkosten:
   54.781,65 €   Maklercourtage (920.700,00 € x 5,95 %)
   13.810,50 €   Notar/Gerichtskosten

   Die ABC- Wohnungsbau GmbH muss zusätzlich zum Kaufpreis also noch 68.592,15 € Anschaffungsnebenkosten + 32.224,50 € GrESt zahlen.

4.7

a) Die Grundsteuer gehört zu den Werbekosten und Betriebsausgaben. Sie mindert die Einkünfte aus Vermietung und Verpachtung und damit auch die Einkommenssteuerlast.

b) Steuergegenstand ist nach § 2 GrStG der Grundbesitz nach Bewertungsgesetz.

c) Steuerschuldner ist der Eigentümer, welcher im Grundbuch eingetragen ist. Es haftet aber auch der Nießbraucher des Steuergegenstandes.

d) Grundsteuer = Einheitswert x Steuermesszahl x Hebesatz

e) Die Steuer ist vierteljährlich, jeweils am 15. des Monats fällig.

f) 26.350,00 € x 3,5 v.T. x 680 v. H. = **627,13 €**

©U-Form Verlag – Kopieren verboten!

C4 Steuern

4.8

a) Die Bauabzugssteuer ist fällig, wenn im Inland Bauleistungen erbracht werden. Dabei ist es unerheblich, ob der Firmensitz des Auftragnehmers sich im Inland befindet.

b) Die Bauabzugssteuer beträgt 15 % des Bruttoentgeltes. Zu zahlen hat es der Leistungsempfänger - das ist in der Regel der Auftraggeber - an das Finanzamt.

c) Das Unternehmen kann sich auf Antrag beim zuständigen FA von der Bauabzugssteuer befreien lassen. Das FA stellt eine „Freistellungsbescheinigung" aus.

Für geringe Leistungen bis 5.000,00 € muss keine Abzugssteuer bezahlt werden. Unternehmen, die steuerfreie Umsätze aus Vermietung/Verpachtung bis 15.000,00 € haben, aber auch Vermieter, die nur zwei Wohnungen vermieten, sind ebenfalls befreit.

4.9

Das Bewertungsgesetz schafft die notwendigen Wertansätze für die Grundsteuer, die Erbschaftssteuer, die Schenkungssteuer, wenn Grundvermögen vererbt oder verschenkt wird. Es gibt aber auch noch die Gewerbesteuer.

4.10

Der steuerpflichtige Bodenwert wird ermittelt in m² mal Euro-Wert je m² nach Bodenrichtwert minus 20 v.H. Ermäßigung.

Prüfung? Kein Problem!

Prüfungs- und Arbeitshilfen für die kaufmännische Ausbildung

Sicher in die Abschlussprüfung

Prüfungstrainer Immobilienwirtschaft Teil 1
Best.-Nr. 2558

- Marktorientierung, Immobilienbewirtschaftung (Vermietung und Wohnungseigentum)

23,99 €

Prüfungstrainer Kaufmännische Steuerung, Dokumentation
Best.-Nr. 550

- Betriebliches Rechnungswesen, Controlling, Steuern und Versicherungen, Arbeitsorganisation, Informations- und Kommunikationssysteme, Teamarbeit und Kooperation

24,90 €

Prüfungstrainer Fit in WiSo
Best.-Nr. 2784

- Grundlagen des Wirtschaftens, Rechtliche Rahmenbedingungen des Wirtschaftens, Menschliche Arbeit im Betrieb, Finanzwirtschaftliche Rahmenbedingungen der Betriebe, Markt und Preis, Wirtschaftsordnung und Wirtschaftspolitik

29,99 €

Erläuterte Stichworte Wirtschafts- und Sozialkunde
Best.-Nr. 72

- Die wichtigsten Themen des Prüfungsfaches Wirtschafts- und Sozialkunde zum gezielten Nachschlagen stichwortartig aufbereitet

16,99 €

Lernkarten Immobilienkaufmann/-frau
Best.-Nr. 2556 (Papierversion)
Best.-Nr. CR2556 (App)

- ca. 530 Karten zu allen 13 Lernfeldern des Rahmenlehrplans
- als App für mobiles Lernen mit Smartphone und Tablet (geeignet für iOS und Android) oder klassisch in Papierform

ab 27,99 €

IHK-Prüfungskataloge
Best.-Nr. 1427 (Zwischenprüfung)
Best.-Nr. 5650 (Abschlussprüfung)

- Die IHK-Prüfungskataloge informieren über alle möglichen Inhalte der Zwischen- oder Abschlussprüfung und über die Aufgabenanteile des jeweiligen Faches. Der Prüfungskatalog ist die perfekte Checkliste für eine umfassende Prüfungsvorbereitung.

3,40 €
bzw. **4,90 €**

Original IHK-Abschlussprüfungen
Best.-Nr. 7650xxx

- Solange der Vorrat reicht, sind die letzten drei stattgefundenen Prüfungen lieferbar. Bundeseinheitlich gültig bis auf Baden-Württemberg. Mit Musterlösungen für die Fächer Kaufmännische Steuerung und WiSo.

je **13,00 €**

Lösungserläuterungen zur Abschlussprüfung
Best.-Nr. 565

- ausformulierte Lösungsvorschläge für das Fach Immobilienwirtschaft
- gut erklärte Lösungen für Kaufmännische Steuerung, Dokumentation und Wirtschafts- und Sozialkunde
- von erfahrenen Fachautoren erstellt

10,29 €

Stand 11/18

Bestellschein

Bitte hier Ihre Kunden-Nummer eintragen:

U-Form Verlag
Hermann Ullrich GmbH & Co. KG
Cronenberger Straße 58
42651 Solingen

Absender/Stempel (genaue Versandanschrift)

E-Mail

Datum/Unterschrift

<u>Bitte</u> achten Sie darauf, dass Sie <u>nur auf einem Weg bestellen</u>, um Doppellieferungen zu vermeiden.

Telefon 0212 22207-0 oder **Fax 0212 208963** oder **E-Mail: uform@u-form.de** oder **Internet: www.u-form.de**

Titel	Bestell-Nr.	Anzahl	Einzel-preis	Gesamt-preis

Preise einschließlich Mehrwertsteuer (außer bei Einstellungstests), zuzüglich Versandkostenpauschale von 5,99 €, Angebot freibleibend

☐ Eilservice 5,50 €

Summe

Zusätzlich möchte ich einen kostenlosen Prospekt zu den angekreuzten Themen:

☐ Automobilkaufmann/-frau
☐ Bankkaufmann/-frau
☐ Fachkraft für Lagerlogistik Fachlagerist/in
☐ Florist/Floristin
☐ Gastgewerbe
☐ Industriekaufmann/-frau

☐ Immobilienkaufmann/-frau
☐ IT-Berufe
☐ Kfm./Kffr. f. Büromanagement
☐ Kfm./Kffr. f. Marketingkommunik.
☐ Kfm./Kffr. für Versicherungen und Finanzen
☐ Kfm./Kffr. im Einzelhandel Verkäufer/in

☐ Kfm./Kffr. im Groß- und Außenhandel
☐ Kfm./Kffr. f. Spedition und Logistikdienstleistung
☐ AkA/IHK Veröffentlichungen